合并商誉对企业绩效的影响

黄 蔚 著

吉林科学技术出版社

图书在版编目（CIP）数据

合并商誉对企业绩效的影响 / 黄蔚著． -- 长春：
吉林科学技术出版社，2020.9
ISBN 978-7-5578-7548-0

Ⅰ．①合… Ⅱ．①黄… Ⅲ．①企业兼并－企业绩效－
研究 Ⅳ．① F271.4 ② F272.5

中国版本图书馆 CIP 数据核字 (2020) 第 200259 号

合并商誉对企业绩效的影响

著　　者	黄　蔚
出 版 人	宛　霞
责任编辑	汪雪君
封面设计	薛一婷
制　　版	长春美印图文设计有限公司
开　　本	16
字　　数	230 千字
印　　张	10.5
版　　次	2020 年 9 月第 1 版
印　　次	2020 年 9 月第 1 次印刷
出　　版	吉林科学技术出版社
发　　行	吉林科学技术出版社
地　　址	长春净月高新区福祉大路 5788 号出版大厦 A 座
邮　　编	130118

发行部电话 / 传真 0431—81629529　　81629530　　81629531
81629532　　81629533　　81629534

储运部电话 0431—86059116

编辑部电话 0431—81629520

印　　刷	北京宝莲鸿图科技有限公司
书　　号	ISBN 978-7-5578-7548-0
定　　价	45.00 元

摘　要

2006年我国财政部颁布《企业会计准则》与国际会计准则全面趋同，企业并购中形成的商誉，即合并商誉，适用《企业会计准则第8号——资产减值》和《企业会计准则第20号——企业合并》，按照并购支付对价大于被并购方公允价值的差额单独作为一项资产于资产负债表中列报，且后续计量方法采用减值测试替代了系统摊销，作为合并商誉唯一的后续计量方法。据Wind数据库显示，我国2007年A股上市公司总体商誉余额为386.62亿，总体商誉减值额为4.78亿，披露商誉减值的公司数量为37家，披露商誉的公司数量为564家，到2016年总体商誉余额增至10496.51亿，突破万亿，总体商誉减值达到98.89亿。披露商誉减值的公司数量也增加到309家，披露商誉的公司数量增至1748家，即，过半数的A股上市公司的报表中有商誉这项资产，其中又有17.68%的公司计提了商誉减值。① 随着并购浪潮的兴起，近年来合并商誉与其减值金额都有跨越式增长，成为我国资本市场最重要的问题之一，引起了监管部门、理论界以及实务界等各方的关注。

因此，进一步加强关于合并商誉的理论研究能够为监管部门以及实务界提供相应的理论依据。现行准则下合并商誉的计量方法是否能反映商誉的经济实质？合并商誉能否真正地改善企业的绩效？合并商誉的初始计量和后续计量方式是否合理？如不合理，应如何改进？而目前有关商誉会计后续计量的研究主要是针对商誉减值进行的。但本文认为仅对于减值测试法本身的研究尚不足以解决商誉会计后续计量的改进的问题，还应该针对是否应重新考虑引入摊销的后续计量方法进行调查。对于上市公司合并商誉对企业超额收益及企业绩效的影响进行研究有助于回答上述问题。此外，现有文献鲜有探究合并商誉对企业绩效影响的作用机制。综上所述，本文将围绕合并商誉对企业超额收益、绩效、盈余管理以及融资约束的影响进行研究，并以盈余管理和融资约束作为中介变量，研究合并商誉对企业绩效的间接影响机制。

本文以我国A股市场2007—2016年上市公司为样本，对合并商誉与企业绩效的关系进行了探究。得出如下基本结论：

从我国资本市场合并商誉发展趋势方面来看，我国A股上市公司合并商誉的总额、商誉占总资产比重以及商誉减值都有大幅增长，尤其受到并购浪潮的影响，自2013年起，上述指标的增速均显著加快。从行业分布看，信息传输、软件和信息技术服务业，商誉余额及其减值增幅较大，且商誉余额占总资产比重较大，减值风险凸显。从板块分布看，创业板商誉余额，商誉减值以及商誉占总资产比重的增幅都是最大的。商誉账面价值过大和巨额减值等问题集中在"轻资产"公司和中小创企业。

---

① 数据由作者根据Wind数据库财务报表商誉数据统计得出。

在合并商誉对企业绩效的影响方面，本研究并未发现合并商誉能够为企业带来当期或持久的超额收益。现行会计准则下确认计量的合并商誉的主要来自于并购的价差，包含相当程度的"非核心商誉"部分，与其超额收益本质有一定程度偏离。合并商誉对企业绩效的影响根据本文对合并商誉的分类而有不同的研究结果。本文将合并商誉分为当期确认的合并商誉和业已形成的合并商誉（合并商誉账面价值）分别考察二者对企业绩效的影响。当期确认的合并商誉对企业当期绩效具有一定积极影响，但是并不持久。而合并商誉的账面价值对企业当期、滞后一期甚至更长期间的绩效具有显著的负面影响。此外，行业集中度对于合并商誉对企业绩效的影响具有积极的调节作用，行业集中度能够增加当期确认的合并商誉对企业绩效的积极影响以及缓解商誉账面价值对企业绩效的负面影响。

从合并商誉对企业盈余管理的影响方面看，本文首先分析了当期确认的合并商誉对企业盈余管理水平的影响，研究发现：企业当期确认的合并商誉增加了企业正向的盈余管理程度，同时，股权支付方式对二者关系具有显著的正向调节作用，即股权支付方式的运用增加了合并商誉确认过程中导致的盈余管理程度。更进一步地，以盈余管理作为中介变量对合并商誉对企业绩效的影响进行检验，发现盈余管理在合并商誉对企业绩效的影响中起到部分中介效应，即，企业当期确认的合并商誉对企业绩效的积极影响有相当程度是通过正向的盈余管理来实现的，对企业的绩效尤其是企业长期的绩效并无本质上的改善。

从合并商誉对企业融资约束的影响方面看，本文首先分析了合并商誉账面价值对企业融资约束的影响，研究发现：现行商誉会计准则下确认的合并商誉价值由于其估值中的泡沫因素和商誉会计中的盈余管理行为而增加了企业与投资者之间的信息不对称，对上市公司获取外部融资产生了不利影响，合并商誉的账面价值增加了企业所面临的融资约束程度。但是国有企业产权性质和四大审计能够对合并商誉对企业融资约束的加剧作用起到负向的调节作用，即，二者能够一定程度上缓解合并商誉账面价值对企业造成的外部融资约束。更进一步地，本文以融资约束作为中介变量考察了合并商誉账面价值对企业绩效的影响，发现融资约束在合并商誉账面价值对企业绩效的影响中起到部分中介效应。即，合并商誉账面价值加剧了企业所面临的外部融资约束，从而对企业绩效产生了负面的影响。

基于上述的研究结论，本文提出监管层面和准则改进两个方面的建议。针对监管方面：首先是监管部门应加强对于存在较高商誉减值风险的行业的监管，对于商誉占资产比重较高的行业和公司，跨界并购，行业集中度较低的公司更应加强监管力度，保护投资者利益，防止上市公司利用商誉及其减值进行盈余管理的行为。风险管控应重点关注信息传输、软件和信息技术服务业以及中小创企业，该行业和板块的特征使得并购中容易出现过高估值现象，导致商誉泡沫产生，减值风险较大，应着重规范；第二是加强会计信息披露的要求及事后的监督审查，加强对于商誉的相关信息的披露力度，对于报表中的信息应做到明确易懂，而对于出具评估报告进行减值测试的，评估报告应该公开易得以便于投资者及监管者能够充分获得商誉及其减值的相关信息；第三是增强评估机构的独立性和应承担的责任，因为商誉计量对于评估结果的依赖使得评估报告的可靠性是商誉会计信息质量的保障之一。除了监管层面对资本市场商誉问题的规范，更重要的是针对商誉准则的改进：首先是对于合并商誉初始计量方法的改进，使得合并商誉的初始计量价值尽可能地体现商誉的"超额获利能力"本质；其次，提高商誉减值测试方法的效率降低减值测试中的自由裁量权；最后本文建议考虑重新在商誉的后续计量中引入摊销的方法，采用摊销与减值相结合的方法作为上市公司合并商誉的后续计量方法。重新考虑引入摊销的方法，能够一定程度上避免企业利用商誉做高企业估值后，又利用巨额减值操纵利润而引起上市公司业绩大幅波动。且引入摊销，会使得合并后面临长期的摊销费用，且商誉价值越高，相应地摊销费用越大，可以使企业更谨慎地对待并购重组，能够对部分企业利用并购盲目扩张起到一定约束作用。此外，本文建议在合并商誉减值测试模型中尽量避免采用现值模型来进行减值测试，加强第一层级公允价值在合并商誉后续计量中的运用。

关键词：合并商誉；企业绩效；盈余管理；融资约束

Abstract

Since the Accounting Standards for Business Enterprises（2006）have been applied 2006, goodwill derived from the premium paid during merger and acqusition（M&A）has been desclosed as one single asset on the balance sheet over more than ten'years. Also, the new standards adopted the impairment test instead of system amortization as the only subsequent accounting method of the conbined goodwill.

According to Wind database, the total goodwill balance of A-share listed companies in 2007 was 38.662 billion, the total goodwill impairment was 47 million, the number of companies disclosing goodwill impairment was 37, and the number of companies disclosing goodwill balance was 564. By 2016, the total goodwill balance increased to 10.49.651 billion, exceeding trillion, and the total goodwill impairment reached 9.89 billion.The number of companies disclosing impairment of goodwill also increased to 309, and the number of companies disclosing the balance of goodwill increased to 1 748. That is to say, more than half of A-share listed companies have goodwill as an asset in their statements, and 17.68% of them have calculated impairment of goodwill.

With the development of merger and acqusition（M&A）, M&A goodwill and its impairment have increased by leaps and bounds in recent years, which has become one of the most important problem in China's capital market, and has attracted the attention of regulatory authorities, theoretical and practical circles.

Therefore, further researches on M&A goodwill are helpful to providind the corresponding theoretical basis for the regulatory authorities and the practical circles. Is the essence of M&A goodwill excess earnings, which can really improve the long-term performance of enterprises ? Or is it just a difference of price o f M&A ? Is the impairment test of M&A goodwill reasonable and how to improve it ? The present researches on the subsequent accounting method of M&A goodwill are mainly focus on the impairment itself. However, besides the study of the impairment test itself, we believe that the reconsideration of amortiztion is necessary in order to improve the subsequent accounting method of goodwill. The study of the nature of the M&A goodwill and its influence on performance and market value of listed companies will be contribution to answer the question that whether if the amortization should be reconsidered. In addition, the existing literature rarely explores the mechanism of the impact of M&A goodwill on corporate performance. This paper will focus on the impact of M&A goodwill on corporate performance and the mechanism of it, so that can provide more empirical evidence for regulating the issue of goodwill in capital market.

Based on the sample of Listed Companies in A-share market from 2007 to 2016, this paper explores the relationship between M&A goodwill and corporate performance. The mainly results of this studies are concluded as follows:

Firstly, the total amount of goodwill, the proportion of goodwill account in total assets and the impairment of goodwill of A-share listed companies in China have increased significantly, especially influenced by the active activities of mergers and acquisitions, in recent years. From the perspective of industry distribution, goodwill balance and its impairment increase greatly in information and technology industry, and goodwill balance of this industry accounts for a large proportion of total assets, and the risk of impairment is huge. From the distribution of the board, the growth of the goodwill balance, the impairment of goodwill and the proportion of goodwill in the total assets of GEM companies are the largest.

Secondly, in terms of the impact of M&A goodwill on corporate performance, this study did not find any evidence that M&A goodwill can bring current or lasting excess returns for enterprises. The recognition of M&A Goodwill under the current accounting standards derived mainly from the price difference of mergers and acquisitions, which includes a considerable degree of "non-core goodwill" and deviates from the nature of its excess earnings. The impact of M&A goodwill on corporate performance has different effects according to the classification of M&A goodwill in this paper. This paper divides the M&A goodwill into the goodwill recognized in the current period and the goodwill balance (book value of M&A goodwill) to examine their influence on corporate performance. M&A goodwill recognized in the current period has positive influence on the current performance of enterprises. The book value of M&A goodwill has significant negative impact on the performance of enterprises of the current, next period or even longer period. In addition, industry concentration has a positive moderating effect on the relationship between M&A goodwill and corporate performance. Industry concentration enhances the positive influence of current recognized goodwill on corporate performance and mitigates the negative impact of book value of goodwill on corporate performance. Mergers and acquisitions between enterprises in higher concentrated industries are more likely to generate synergy effects. Besides, enterprises with higher competitive position in the industry have stronger bargaining power at the beginning of mergers and acquisitions, so that they are not likely to overpay for the M&A which resulting in overvalued M&A goodwill. Therefore, the quality of M&A goodwill generated by this type of mergers and acquisitions is better than others, and it is easier to have a positive influence on corporate performance.

Thridly, in term of the mechanism of the effect of M&A goodwill on corporate performance, this paper found that the M&A goodwill recognized at the current period increases the degree of positive earnings management of enterprises, meanwhile, the stockpayment made for M&A has a significant positive regulating effect on the relationship between them. That is, the extensive use of stockpayment aggravates the degree of earnings management in the process of M&A goodwill confirmation. Furthermore, the result of examining the relationship between M&A goodwill and corporate performance with earnings management as moderate variable showed that earnings management does play a partial mediating role in the relationship between M&A goodwill and corporate performance, that is, positive earnings management account for the positive influence of M&A goodwill recognized by enterprises at the current period on performance on a certain extent. Hence, the M&A goodwill in this case contains a certain degree of valuation bubble, which has no essential improvement on the performance of enterprises, especially the long-term performance of enterprises.

Fourthly, this paper analyzed the mechanism of the impact of the M&A goodwill book value on the performance of enterprises. It is found that the M&A goodwill book value confirmed by the current goodwill accounting standards increases the information asymmetry between enterprises and investors due to the bubbles in its valuation and the motivation of earnings management in subsequent measurement. The book value of M&A goodwill increases external financing constraints. However, the nature of property rights of state-owned enterprises and the Big—4 audits can negatively regulate the relationship between M&A goodwill and corporate financing constraints, that is, they can restrain the external financing constraints caused by the book value of M&A goodwill to a certain extent. The information asymmetry caused by the decline of the quality of goodwill accounting information leads to financing constraints. The improvement of the quality of M&A goodwill accounting information by property rights and audit quality alleviating the financing constraints. Furthermore, this paper examines the impact of M&A goodwill book value on corporate performance with financing constraints as moderate variable.Results showed that financing constraints does has partial mediating effect on the relationship between M&A goodwill book value and corporate performance. That is, the book value of M&A goodwill aggravates the external financing constraints which has a negative impact on corporate performance.

Based on all above conclusions, this paper puts forward the following suggestions: first, the regulatory authorities should strengthen the supervision of industries with high risk of impairment of goodwill, especially for industries and companies with high proportion of goodwill in assets, cross-border mergers and acquisitions and low industry concentration to protect investors'interests and prevent listed companies from manipulating goodwill and impairment for earnings management. Besides, the requirement of disclosure for M&A goodwill accounting information should be improved include the process of impairment test.In addition to the regulation of M&A goodwill, the more important thing is to improve the accounting standards for goodwill. This paper suggests that we should reconsider the introduction of amortization method in the subsequent accounting for goodwill. Introduction of amortization method could prevent overstating valuation of goodwill and manipulation of huge goodwill impairment which resulting in large fluctuations of corporate performance. Moreover, the introduction of amortization impose long-term amortization costs upon enterprises after the merger. The higher the goodwill value is, the larger the amortization costs is. Hence, enterprises will be more cautious about merger and acquisition activities which restraining enterprises from using merger and acquisition to expand rashly. Also, this paper proposes to avoid using the present value model to test the impairment of M&A goodwill, propeling the application of the first level fair value in the subsequent accounting of M&A goodwill and standardizing the disclosure of the impairment information of goodwill in order to preventing earnings management.

Key words: Merger and Acquisition Goodwill; Corporate Performance; Earnings Management; Financing Constraints

目　录

表目录

图目录

导　论

第一节　选题背景

2006 年我国财政部颁布《企业会计准则》与国际会计准则全面趋同，企业并购中形成的商誉，适用《企业会计准则第 8 号——资产减值》和《企业会计准则第 20 号——企业合并》，即合并商誉按照并购支付对价大于被并购方公允价值的差额单独作为一项资产于资产负债表中列报，且后续计量仅采用减值测试替代了系统摊销，作为合并商誉唯一的后续计量方法。

2017 年 12 月在北京举行的中央经济工作会议指出，我国经济发展已由高速增长阶段转向高质量发展阶段，防范化解重大风险、精准脱贫、污染防治三大攻坚战是决胜全面建成小康社会的重要工作。会议强调，稳中求进的工作总基调是治国理政的重要原则，防范化解重大风险，重点在于防控金融风险，促进多层次资本市场健康发展，更好地为实体经济服务。合并商誉自单独作为一项资产披露以来，经十多年的发展，无论是金额还是占企业资产比重都具有大幅的增长，且近年来资本市场频发巨额商誉减值问题，使得商誉问题已经成为我国资本市场的重要问题之一（陈汉文等，2018）。

为了解决上市公司单纯依靠内生增长方式的不足以及调整产业结构的压力，2014 年证监会发布《上市公司重大资产重组管理办法》和《关于修改上市公司收购管理办法的决定》促进了并购重组的活跃，2014 年年末我国并购市场完成交易总价值达 25 043.36 亿元，而 2015 年上市公司的并购金额迅速飙升至 16100 亿元。[①] 随着并购浪潮的兴起，我国 A 股市场由于并购产生的合并商誉近年来也有了跨越式地增长。单从商誉账面余额来看，A 股上市公司在 2014 年年底、2015 年年底、2016 年年底和 2017 年三季末的账面商誉总和分别为 3288.26 亿元、6493.71 亿元、10 496.51 亿元和 12565 亿元，最近三年暴增接近 3 倍。[②] 其次，从商誉占净资产比重来看，截至 2017 年三季报，A 股上市公司净资产总计为 34.19 万亿，商誉占净资产的比重为 3.675%。其中，中小创企业的商誉明显居高。根据中信证券统计，主板非金融、中小板、创业板的商誉占净资产比重从 2012 年末的 1.1%、1.4%、1.5%

---

① 杨威，宋敏，冯科. 并购商誉、投资者过度反应与股价泡沫及崩盘 [J]. 中国工业经济，2018（6）.

② 陈汉文，林勇峰，邢立全. 有毒资产肆虐，命门在内部控制 [N]. 经济观察报，2018-03-07. https：//mp.weixin. qq.com/s/C14ROlb3zhtPP7q_jRk2JQ？

上升至 2017 年三季末的 3.6%、11.2%、19.3%。①

　　牛市与并购盛宴的结合，创造了诸多"三高"案例②，虽然并购的初衷是为了优化资源配置，实现企业的发展战略，但是并购后续的业绩不佳以及巨额商誉减值问题引发的股价波动以及可能引起系统风险的负面效果也逐渐显露。仅 2016 年就有 135 起并购重组交易被购方业绩未达标，涉及 124 家公司，创业板上市公司成为商誉减值的"重灾区"。根据 WIND 的统计数据显示，自 2017 年 10 月以来，有 216 家公司发布了 2017 年度业绩下修公告，在业绩下修的公司中，中小创占据多数，其中仅 27 家为上海主板的公司，2 家深圳主板的公司，其余 187 家均为中小创公司，而这 187 家中小创公司中，有 146 家为中小板的上市公司。③

　　合并商誉在资本市场中凸显的问题引起了监管部门的重视，2017 年 2 月 8 日，证监会发布关于对政协十二届全国委员会第四次会议提案《关于加强对并购重组商誉有关审核及披露的监管的提案》的答复，强调"加大审核力度，形成监管威慑；强化业绩补偿监管，引导市场估值回归"。2017 年 7 月 17 日证监会公布了《2016 年上市公司年报会计监管报告》，年报分析中发现，部分上市公司在非同一控制下企业合并中确认了大额商誉，商誉占合并对价的比例高达 90%。大额商誉形成的原因之一可能是上市公司未能充分识别和确认被购买方拥有的无形资产，导致应确认为无形资产的金额被直接计入商誉。并指出商誉减值中存在：合并报表商誉减值与个别报表长期股权投资减值逻辑不一致，商誉减值测试方法不正确以及商誉减值相关信息披露不充分等问题。此外，根据 2016 年修订的《首次公开发行股票并上市管理办法》第二十六条第四款的规定：最近一期末无形资产（扣除土地使用权、水面养殖权和采矿权等后）占净资产的比例不高于 20%。过去拟 IPO 企业的无形资产不超过 20% 的标准中并未包含商誉的金额，而现行证监会窗口指导口径改变，商誉需要计入无形资产，无形资产与商誉将统一核算，不得超过 20%。加强了 IPO 审核中针对合并商誉的监管，但是该规定仅针对主板，对于中小创却没有相关限制。

　　除了引起监管部门的重视，理论界也开始关注商誉的问题，主要集中在商誉的估值本身，商誉的经济后果和后续计量方法是否合理三个方面。由于公允价值在商誉计量中的运用，不少学者开始质疑采用无法核实的公允价值计量的商誉是否真实可靠地反映了其资产的价值（Holthausen and Watts，2001；Ramamma，2008）。活跃的并购交易为资本市场注入新活力的同时可能埋伏下隐性的风险，并购商誉因其专业判断空间大成为并购风险的一个"蓄水池"（傅超等，2015）。因此被高估的合并商誉的可能是股价崩盘的一个信号，大规模的巨额商誉减值有可能引发系统风险（王文姣等，2017；杨威等，2018）。其次，不同于早期商誉的本质为超额收益的定义，近年来的研究发现合并商誉对企业的绩效的积极作用十分有限，甚至有可能损害企业的长期绩效（周晓苏和黄殿英，2008；郑海英等，

---

① 商誉恐变"伤誉"创业板公司并购后遗症隐现 _ 网易财经 .http：//money.163.com/18/0131/07/D9FAMK1500258152.html
② 并购过程的"三高"现象，即高估值、高溢价、高业绩承诺。
③ 定增并购圈：白交易？并购确认 1.26 万亿商誉，减值引爆业绩地雷！2018-02-09.http：//www.360doc.com/content/18/0209/22/30681898_729033960.shtml

2014）。最后，针对合并商誉后续计量，即减值测试的有效性也开始出现较多争议。不少文献认为商誉减值的计提并非完全是对后续经营中商誉价值下降的反映，而是来自于商誉确认时的过高溢价（Li et al.，2011；Olante，2013；Chalmers et al.，2014），此外商誉减值计提还存在明显的盈余管理动机（Holthausen and Watts，2001；黄世忠，2002；Watts，2003；Henning et al.，2004；陆正华等，2010；Ramamma and Watts，2012；卢煜和曲晓辉，2016），使得商誉减值作为合并商誉唯一后续计量方法是否能够合理反映商誉的经济实质备受质疑。可见，理论界对于商誉问题的争议总体上是针对商誉会计信息质量而言的。

相应地，近年来实务界也频繁展开对商誉会计准则的探讨。2001 年，在美国财务会计准则委员会（以下简称 FASB）采用《美国财务会计准则第 142 号——商誉和其他无形资产》（SFAS No.142）之后，美国引入减值测试唯一法，国际会计准则委员会（以下简称 IASB）在 2004 年开始采用《国际会计准则第 36 号——资产减值》（IAS No.36），我国企业会计准则也对此进行了趋同，以减值测试替代摊销作为合并商誉唯一的后续计量方法。FASB 于 2007 年修订了《美国财务会计准则第 141 号——企业合并》（SFAS No.141（Revised 2007）（as amended））①对合并商誉计量的改进，鼓励公司尽量确认可辨认资产，从而避免将不符合合并商誉本质的因素计入初始计量金额。在 FASB 后续发布并持续更新的《会计准则更新—无形资产—商誉及其他（350 号议题）》（ASU—Intangibles—Goodwill and Other（Topic 350））②中一直致力于改进商誉减值测试的方法。此外，在2014 年的 FASB 的理事会会议③中提出改进对私营企业以及非营利组织的商誉减值方法。IASB 在 2008 年发布《国际财务报告准则第 3 号——企业合并》（IFRSNo.3）修订版（IFRS 3—Business Combinations（Revised）2008）④中，同样对合并商誉的初始计量进行了修订，以被购买方的整体公允价值代替了购买方的合并成本，将合并商誉的价值由"合并成本与公允价值之差"变为"两个公允价值之差"。除了对于合并商誉初始计量的改进，IASB 也致力于简化商誉减值测试方法提高减值测试效率（IASB，2015⑤）。此外，商誉减值作为唯一后续计量方法在资本市场出现的状况引起了学术界以及实务界的质疑，近期一些专家认为 IASB 应该采用商誉摊销来代替仅采用减值测试法。欧洲财务报告咨询组（European Financial Reporting Advisory Group，以下简称 EFRAG）开始质疑商誉"是否仍应进行商

---

① FASB. FAS 141（Revised 2007）（as amended）[S]，2007.https：//www.fasb.org/jsp/FASB/Document_C/DocumentPage？cid=1175802017611&acceptedDisclaimer=true
② FASB.Proposed ASU—Intangibles—Goodwill and Other（Topic 350）：How the Carrying Amount of a Reporting Unit Should Be Calculated When Performing Step 1 of the Goodwill Impairment Test（a consensus of the FASB Emerging Issues Task Force）[EB/OL].[2010-10-06].https：//www.fasb.org/jsp/FASB/Document_C/DocumentPage&cid=1176157591148
③ FASB.Accounting for Goodwill for Public Business Entities and Not-for-Profits[EB/OL].[2014-11-05].https：//www.fasb.org/jsp/FASB/Document_C/DocumentPage&cid=1176164541805FASB.FIF（December 2014）Accounting Standards Update for Private Companies Accounting for Identifiable Intangible Assets in a Business Combination[EB/OL].[2014-12].https：//www.fasb.org/cs/ContentServer？c=Document_C&cid=1176164672067&d=&pagename=FASB%2FDocument_C%2FDocumentPage
④ IASB. IFRS 3— Business Combinations（Revised）[S]，2008.https：//www.iasplus.com/en/standards/ifrs/ifrs3
⑤ IASB.Agenda Paper 18A and 18B：Goodwill and Impairment project：Improving the impairment test[EB/OL].[2015-10].https：//www.iasplus.com/en/meeting-notes/iasb/2015/october/goodwill-and-impairment

誉摊销"（EFRAG, 2014）①，在针对《国际财务报告准则第 3 号——企业合并》（IFRSNo.3）最新进行的实施后回顾（PIR）②的研究结果中也可以发现关于商誉后续计量仅采用减值测试法的担忧。

综上所述，合并商誉的问题已经引起监管部门、理论界以及实务界等各方关注。然而我国关于合并商誉的研究起步较晚，且早期的关于合并商誉的实证研究受到数据披露的限制，一般年限较短。因此，进一步加强关于合并商誉的理论研究能够为监管部门以及实务界提供相应地理论依据。现行准则下计量的合并商誉是否真的符合其超额收益的本质？抑或只是并购的价差？合并商誉能否对企业的绩效有本质上的改善？合并商誉的初始确认和后续计量方式是否合理？如何对其进行改进？因此，本文将围绕合并商誉对企业的超额收益、绩效、盈余管理和融资约束几个方面的影响展开，同时研究了盈余管理与融资约束在合并商誉对企业绩效影响中的中介效应，以期为规范资本市场商誉问题改进商誉会计准则提供更多经验证据。

第二节　研究目的与研究意义

一、研究目的

为规范资本市场商誉问题提供可供参考经验，改进现有商誉会计的准则是本文的研究目的，要解决以上问题，重点是对合并商誉的经济后果进行研究，以此作为经验证据，提供切实可行的政策建议。本文以我国 A 股上市公司 2007—2016 年的数据为样本，主要致力于解决以下几个问题：

1. 合并商誉是否为企业带来超额收益？合并商誉对企业绩效以及企业市场价值会产生何种影响？

2. 当期确认的合并商誉与合并商誉账面价值分别对企业当期以及长期的绩效产生何种影响？

3. 企业当期所确认的合并商誉中是否具有盈余管理成分？盈余管理在企业当期所确认的合并商誉对当期的绩效的影响中是否发挥中介效应？

4. 企业的合并商誉账面价值是否对企业的外部融资约束产生影响？融资约束在企业合并商誉账面价值对企业绩效的影响中是否发挥中介效应？

5. 现行准则下合并商誉的计量方法是否合理？存在哪些问题？商誉会计准则应该如何改进？

---

① EFRAG.Should goodwill still not be amortised？ [EB/OL].[2014-07].http：//www.fondazioneoic.eu/wp-content/uploads/downloads/2014/07/140722_Should_goodwill_still_not_be_amortised_Research_Group_paper.pdf
② IASB.Post-implementation Review of IFRS 3 Business Combinations[R], 2015.https：//www.ifrs.org/-/media/project/pir-ifrs-3/published-documents/pir-ifrs-3-report-feedback-statement.pdf

二、研究意义

（一）现实意义

1. 为我国商誉会计的准则改进提供经验借鉴

本文对我国A股上市公司商誉的现状做出了较为全面的分析，同时对合并商誉对企业的绩效、盈余管理和融资约束等经济后果的影响进行了系统的研究，检验了我国现行会计准则下合并商誉的实践结果，能够对现行商誉会计准则包括合并商誉的确认计量及其后续处理的改进提供实证经验。

2. 为我国监管部门对于资本市场合并商誉的风险管控提供经验借鉴

本文对我国A股市场十年的商誉发展状况及其特点进行了系统的研究，重点分析了商誉问题的"症结"所在，能够对现今资本市场商誉问题的监管和规范提出相应地政策建议，为监管部门供具有参考价值的结论。

3. 为利益相关者以及信息使用者提供决策依据

本文除了对企业合并商誉对企业绩效的影响进行研究，还对其通过何种作用机制影响绩效进行了考察，也是对现行会计准则下合并商誉会计信息质量的检验，对于投资者以及其他利益相关者对合并商誉会计信息质量的判断能够提供可参考的经验证据，有助于保护外部信息使用者的利益。

（二）理论意义

1. 进一步完善商誉会计理论体系

本文从商誉会计理论出发，研究现行商誉会计准则下确认计量的合并商誉反映了何种会计理论上的商誉本质（参考本文其后文献综述中所述的"三元理论"），对于合并商誉经济后果的研究能够考察我国现今资本市场中的合并商誉是否符合商誉的经济实质。因此本文的理论意义首先是检验了商誉的实践结果是否与理论相符。

2. 丰富了商誉会计实证研究文献

目前对于商誉会计的研究中有关商誉会计的实证研究并不多，而随着资本市场在我国的发展与完善以及会计与资本市场天然的联系，与商誉相关的研究重心也从纯粹的理论研究转向与资本市场相结合的实证研究。本文着重考察了资本市场中产生的合并商誉对企业造成的经济后果（业绩、企业市场价值、盈余管理以及融资约束的影响），丰富了现有商誉会计与资本市场相关的实证研究文献。

3. 提出了重构合并商誉定义和计量方法的观点

通过数据的分析来探讨商誉的本质，以实证结果重构理论，提出了商誉会计应回归商誉经济本质的基本观点。即根据商誉的本质来改进或重构商誉的概念及其计量方法，而非以商誉的计量方法来确定商誉的定义及价值。

第三节 研究方法与结构安排

一、研究方法

文献研究法。对现有关于商誉的文献以及会计学、经济学等相关理论进行梳理、总结和述评，寻找研究角度以及为问题的提出奠定理论基础。

规范研究法。根据相关的理论基础进行理论分析，并结合商誉相关的文献提出本文的研究问题，以及设计本文的研究路径和理论框架，并根据理论分析的结果提出本文的研究假设以及模型设定。

实证研究法。在本文的实证研究部分，通过描述性统计分析，多元线性回归等实证分析方法对本文的理论分析和研究假设进行验证，并得出相应的研究结论。

二、本文的结构安排

本文全文共八章，具体结构安排如下：

导论 本章主要介绍本文的选题背景、研究目的及意义、研究方法、结构安排以及本文的可能的创新点和不足。

第一章 文献综述与制度背景。本章对商誉有关的文献以及会计准则制度背景进行了梳理总结并作出相应地述评，从而发现现有文献的不足以及可以进一步探讨的领域。

第二章 理论基础与理论。本章通过规范分析对经济学、会计学相关理论进行演绎推导为本文的研究提供理论的基础和框架。

第三章 我国A股市场商誉现状分析。本章将对我国A股上市公司所披露的合并商誉进行分年份、行业以及板块的描述性统计分析，对我国资本市场的合并商誉现状以及存在的问题做出初步的分析。

第四章 合并商誉对企业绩效的影响。本章将对合并商誉与企业绩效的关系进行考察，首先考察合并商誉是否为企业带来超额收益，其次考察合并商誉对企业当期以及其后会计期间的绩效的影响。

第五章 合并商誉对盈余管理的影响以及盈余管理中介效应。本章将对企业合并商誉与盈余管理和企业绩效的关系进行研究，主要考察企业当期确认的合并商誉对企业盈余管理的影响，其次检验盈余管理是否在合并商誉对企业绩效的影响中发挥中介效应。

第六章 合并商誉对融资约束的影响以及融资约束的中介效应。本章将对企业合并商誉与融资约束以及企业绩效的关系进行研究，主要考察合并商誉的账面价值对企业融资约束的影响，探究融资约束是否在合并商誉账面价值对企业绩效的影响中发挥中介效应。

研究结论及政策建议。本章将对全文的研究结论进行总结，并据此提出相应的政策建议和进一步研究的方向。

第四节　本文创新之处与不足

一、本文创新之处

基于文献梳理与理论分析，本文主要有如下创新之处：

第一，现有文献关于合并商誉与超额收益的研究并不是直接针对合并商誉与超额收益的关系进行研究，而是对并购超额收益进行考察，大多是以事件研究为主，超额收益计算的窗口期很短。然而，事件研究法下的超额收益（累积异常回报率）与理论上商誉能够为企业带来的长久的超额收益不尽相同，不可直接以并购期间的累积异常回报代替商誉理论中的超额收益。因此本文将直接对合并商誉与超额收益进行研究，且超额收益的代理变量以会计年度为单位计算。

第二，现有文献关于合并商誉与企业绩效的研究并未区分当期新增的合并商誉与已经确认的商誉对企业绩效的不同影响。通过本文的理论分析，二者应对企业的绩效产生不同的作用，因此，本文将合并商誉的信息分为当期确认的合并商誉与合并商誉的账面价值两类，分别考察其对企业当期以及长期绩效的影响。

第三，现有文献关于合并商誉与企业绩效的研究并未探究其作用机理，且仅局限于研究商誉对企业绩效的直接影响（如账面价值的增加和减值损失对绩效的直接影响）。而本文以盈余管理和融资约束为中介变量进行逐步回归来考察二者是否在合并商誉对企业绩效的影响中发挥中介效应，研究了商誉对企业绩效影响的作用机制。

第四，现有文献关于合并商誉与盈余管理的研究中大多是研究合并商誉减值计提（商誉减少过程）中的盈余管理动机（主要是负向盈余管理，如"洗大澡"和"盈余平滑"），而忽略了合并商誉确认过程中（商誉增加的过程）的盈余管理行为（主要是正向盈余管理）。而本文将对当期所确认的合并商誉对企业盈余管理程度的影响进行考察，以检验现行准则下合并商誉价值是否存在被高估的情形。

第五，现有文献鲜有关于合并商誉对企业融资活动的研究。而本文将对合并商誉信息对企业所面临的外部融资约束进行研究，以丰富现关于合并商誉对企业融资活动的影响的文献。

第六，现有文献关于合并商誉后续计量方法的改进研究主要是直接针对合并商誉减值测试方法的有效性进行的，但是如本文后续的文献综述分析可知，不少学者认为合并商誉的减值有相当程度来自于合并商誉确认之初的高估而非对后续经济环境变化的反映。因此，本文从合并商誉的本质出发，研究合并商誉对企业绩效的影响及其作用机理，追本溯源，有助于从根本上回答合并商誉的后续计量方法如何改进的问题。

二、本文的不足之处

虽然本文的研究在现有文献的基础上具有一定的创新和贡献，但是鉴于数据的可得性、研究方法和专业受限等原因，本文亦存在如下不足之处：

第一，本文侧重于实证研究，但是针对现有合并商誉问题，实证研究仅能总结过去商誉中的问题并提供经验证据，真正要解决我国合并商誉中所存在的问题，需要更多关于商誉的规范研究以指导准则的改进，包括对于合并商誉的确认和计量以及减值测试的模型的改进等问题，都是实证研究所不能完全解决的。因此，关于商誉的进一步研究，应将实证与规范紧密结合，实证总结过去，规范指导未来。

第二，本文的样本仅选取了我国 A 股上市公司，且仅仅只有并购产生的商誉才被企业所披露。而除了合并产生的商誉，企业也可能在经营中产生自创商誉，因此除了并购商誉，未发生并购的企业、非上市公司也可能存在商誉的问题。但本文的研究无法对这部分商誉进行研究，因此本研究所提供的经验证据具有一定的局限性。

第三，本文仅对合并商誉现有计量方法提出改进，但是现今资本市场所产生的商誉问题大多是由于商誉计量不当引起的，因此，探寻新的更为合理的合并商誉计量方法是未来研究的重点之一。但由于商誉的计量问题仅仅靠会计学科的知识是无法完全解决的，需要跨学科合作研究，因此本文尚未能提出合并商誉新的计量方法。

第一章　文献综述与制度背景

第一节　文献综述

一、商誉的本质

根据美国 Merriam-Webster 在线词典对商誉的定义，商誉一词最早出现在十二世纪。根据 Simon（1956）的研究，法学对商誉的界定是以一个英国案例为基础建立的，Cardozo 法官对商誉的定义从"顾客回到原有购货地点的可能性"拓展到"一家公司在连续经营过程中获得的每一种可能的优势"。Bithell（1882）编著的《会计从业字典》，将商誉描述为企业所有者希望通过将企业期望以对价方式转让给他人，从而放弃企业期望，也就是所谓的"出售商誉"。随着商业的发展，商誉存在与否的判定也由昔日的以主观友谊（杨汝梅，1926）为根据转变为以客观收益为基础，十九世纪末期商誉问题开始引起会计界的广泛关注，20 世纪 20 年代开始出现商誉的系统性专著，1926 年杨汝梅先生所著《无形资产论》（goodwill and other intangibles）探讨了商誉的本质，以及与其他无形资产的关系，并提出了商誉的会计处理方法。《无形资产论》中对商誉的本质定义为："企业中特殊亲善之结果，并具有持久性以及转让之可能性，且必能够为货币所衡量。"更进一步将其扩展为"销售上之商誉，制造上之商誉（额外收益的起源）以及理财上之商誉"。杨氏之作，是早期对于商誉探讨最全面完善的专著之一，对后世影响至深，许多学者都吸收借鉴了《无形资产论》中的观点和思想。20 世纪 30、40 年代 W.A. 佩顿（W.A.Paton）在其主编的《会计师手册》（Accountants' Handbook）（第二版，1933 年）中关于无形资产部分全面吸收了《无形资产论》中的主要观点。同时，在其 1940 年与 A.C. 利特尔顿（A.C.Littleton）合著的《公司会计准则导论》（An Introduction to Corporate Accounting Standards）中也借鉴了杨汝梅先生的学术观点。佩顿的著作对于《无形资产论》中的商誉相关理论的传播起到极大的推广作用。20 世纪 60 年代，亨德里克森（Eldon.S.Hendriksen，1965）在其《会计理论》（Accounting Theory）中总结了前人的观点，将商誉的本质概括为好感价值论，超额收益论以及总计价账户论，即"三元理论"。亨氏三元论奠定了后人研究商誉的理论基础，是后续商誉研究的主流理论框架。20 世纪 60 年代的另一重要著作即为 George.R Catlett and Norman O.Oisen 的《商誉会计》（Accounting for goodwill，1968），该书在杨汝梅先生的观点上将商誉的要素发展为 15 项。20 世纪 70 年代，Haim Falk and L. A.Gordon 所著的《不完全市场及商誉的性质》一书中将商誉构成的因素拓展为四类共 17 项。20 世纪 80 年代后，我国众多学者开始对商誉进行探讨研究，到了 90 年代，逐渐形成一批具有代表性的观点。如今纵观国内外文献，围绕商誉的本质问题，基本形成以下几种观点：

（一）好感价值观

好感价值论认为商誉产生于有利的商业关系，企业与雇员的良好关系以及顾客对企业的好感。这种好感可能起源于企业所拥有的优越的地理位置、良好的口碑、独占特权和管理有方等，只要企业不发生巨大变动，这种好感有望继续持续下去。1888 年，Boume 就在其论文中将商誉论述为"一个企业由于其顾客所拥有的好感并可能继续光顾和支持而得到的利益和好处"，这也类同于杨汝梅（1926）定义的"销售上之商誉"，因此好感价值论是"销售上之商誉"的发展。但此说对于商誉的本质及其形成原因解释力欠佳，且由于好感这一概念来自于主观情感，难以个别辨认并量化，理论意义大于实践价值。因此，好感价值论并不为后世大多数学者推崇，因此专门的研究较其他理论甚少。仅在系统的会计理论中作为对商誉的一种解释提及。（亨德里克森，1987；汤云为、钱逢胜，1997；许家林，2008）。

（二）超额收益观

商誉一般解释为预期未来收益（或对持产者的现金支付）超过正常报酬的超额利润的现值。杨汝梅与 Paton 都将广义的商誉理解为超额利润："从最广义的视角而言，商誉指的是未来超额收益的估计价值"。Leake（1914）提出超额收益这一概念，并将商誉定义为企业预期未来超额收益折现的现值。根据超额收益法，商誉被定义为：相关企业在过去几年来获得的异常预期收益的现值（Paton，1922）。"盖商誉之性质，究其终极，仍不失为一种优越利益"（杨汝梅，1926），因此，企业总价值等于收购可辨认净资产的正常收益现值与超额收益现值之和（Bryer，1995）是为商誉。Spacek（1964）将商誉定义为预期未来收益的现值超出生产资产的合理收益的部分。Ma and Hopkins（1988）将商誉定义为企业将获得的未来超额收益资本化的价值。George.R Catlett and Norman O.Oisen（1968）以及 Falk and L. A.Gordon（1977）对于商誉构成因素的扩展都是建立在超额收益论的基础之上。后来，考虑到货币的时间价值，商誉实际上是"预计净收益超过有形资产按正常报酬率计算的未来预期利润的那部分的净现值"（王兴、李树华，1995）。汤湘希（1995）认为，能真正简明扼要把握住商誉实质的，应推下述定义：商誉为企业具有超过一般行业标准的获利能力而产生的价值。企业因管理得当，地点适中，服务亲切，产品精良，价格低廉等因素，而获得高于一般具有同一资本的同业的超额利润，代表此种超额利润的价值，即为商誉。所以，商誉价值的确定，应以超额利润为依据。葛家澍（1996）认为商誉之所以能作为资产，是由于预期的、未来超额（超过平均水平）的经济利益代表它的本质。更确切地说，商誉是能为企业未来带来超额盈利能力的资源。阎德玉（1997）在评价三元理论时认为超额收益论的科学性在于把握了商誉作为资产的基本条件：经济资源、获利潜力和货币计量三要素。罗飞（1997）定义商誉为能使企业获取超额收益的各种未入账的无形资源，并且对于当时流行的两种观点超额收益观念与无形资源观进行比较分析，认为超额收益能力观点说明了商誉的基本性质，无形资源观点则是对超额收益能力观点的补充和充实。徐泓等（1998）也表示以获取超额收益的能力作为确定商誉会计理论框架的基石抓住了商誉的本质。于长春（2010）认为商誉是特定企业因其具有各种优越条件，从而能够取得比同行业其他企业都要高的超额利润的能力。这种能力是有价值的，是所有投资人都趋之若鹜的。

超额收益论在学术界引起了相当广泛的共鸣，对于超额收益观能够揭示商誉的本质这一点达成了相对广泛的共识，同时也提出了计量商誉的一种方法，奠定了后续研究的理论基础。然而，企业预期获得的超额收益的计算受到诸多不确定因素的影响，在实务中，其可靠性有待提高。

（三）总计价账户观

总计价账户观又称剩余价值观，这一观点认为商誉是企业整体价值超过企业可辨认净资产公允价值总和的差额。它代表企业的整体效益高出个别价值部分（许家林，2006）。总计价账户观与超额收益观是一脉相承的，只是前两种定义都是将商誉视为一项单独的资产，而总计价账户观是将商誉视为一个特殊的、过渡性的资产。各种因素集结的过渡性账户（冯卫东，2015）。Canning（1929）是最早提出商誉应否列为资产，并把商誉视作总的计价账户的问题的会计学者之一。Miller（1973）认为，对于商誉的确认能够更全面地反映企业的整体价值，从而解决当时财务报告信息不完整的问题。相较于前两种观点，总计价账户观提供的对于商誉的计量方式是可行性最强的，尽管其中包括了不完全属于商誉的复杂因素。所以总计价账户观除了学术界，更多的是受到实务界的认可。各国财务会计准则几乎都使用总计价账户的观点来定义商誉。

（四）协同效应观

协同效应观认为企业是一个协同系统，经营者有效利用资源，使得企业整体效益大于各个独立组成部分总和的效应。通常被描述为"1+1>2"（冯卫东，2015）。商誉能够带来超额利润，使得整体价值大于单项资产的原因是因为企业各个因素能够有机地结合在一起并形成协同效应（Miller，1973；Ma Ronald and Roger Hopking，1988）。邓小洋（2001）认为商誉与企业的协同效应正相关，协同效应越大，商誉的价值就越大。常华兵（2004）认为，在企业并购中企业整体价值大于企业净资产公允价值的差额产生的根源在于企业中人力资源与物质生产要素之间及各自内部相互间的协同和配置作用，它代表了该协同和配置作用所能够带来的未来收益的贴现价值。杨丽荣（2004）认为商誉是企业中所有无形资产系统效应创造的价值，实际上是物质资源、人力资源和知识信息三流融合的结果。

（五）核心能力观

核心能力观认为商誉本质就是企业的核心能力。借鉴企业资源论的观点：企业的资源＝资产＋能力，因此隐藏在物质资产背后的核心能力是企业能够获得超额利润的主要原因。

董必荣（2004）认为企业作为一个能力体系，物质资源只是企业能力的载体，这些企业培育出来的核心能力在财务的角度综合反映为企业自创的商誉。李玉菊（2010）认为，商誉从本质上讲来源于企业内部，企业的核心能力是商誉的支撑，商誉是企业核心能力的外在表现，商誉的核心要素是市场密切关注的商业履约能力，并且主张从企业内部能力的角度来计量商誉，将其纳入会计核算体系。

（六）人力资本观

人力资本观认为商誉形成主要来自于企业所拥有的人力资本。人力资本观是从商誉根本特性——不可辨认性入手来揭示商誉本质的。张鸣，王明虎（1998）就对当时的商誉会计理论做出反思，认为广义上的商誉如优越的地理位置，独特的生产技术等都属于可以辨认的单独的资产，而真正的商誉是指狭义上的商誉，是企业不可辨认的无形资产，因此只有对企业至关重要而没有入账的人力资源（如杰出的管理团队）才是商誉的本质。于越冬（2000）认为企业能够创造超额利润必然得益于某种形式的垄断，然而对于市场或者技术之类资源的垄断都可以出售转让，唯独对于人力资本的垄断与企业不可分割且不可辨认，这一点才符合商誉最根本的性质。人力资本观的提出为商誉的研究提供了更多的理论工具。

无论是经典的三元论，还是协同效应观、核心能力观或是人力资本观，都是一脉相承，并无本质上的冲突。好感价值观描述了商誉存在的现象，超额收益观、总计价账户观体现了商誉存在的结果，而协同效应观、核心能力观以及人力资本观都是试图从不同角度揭示超额收益存在的原因。每一种观点都有其合理性，也存在其不足。从可行性角度而言，总计价账户与超额收益观是可行性较高的，为商誉的入账提供了可行的办法，但是由于总计价账户过于笼统，而超额收益的估计又过于主观，使得这两种方法的可靠性显得不足。协同效应观与核心能力观都对商誉的本质有一定的解释力，但由于其构成因素之复杂，目前这两种观点缺乏相应的计量方法。从现有文献对商誉的定义来看，本文认为人力资源观是较为符合商誉研究未来发展趋势的，商誉本身随时代而变化，因行业而不同，在交通不便商业不发达的时代，地理位置等因素是影响商誉的重要因素，小企业的资本家个人信誉一定程度上能够代表企业的商誉，而到了大企业出现的时代，杰出的管理团队，优秀的组织等因素又显得尤为重要，在当今知识经济时代，有效的广告，秘密的工艺技术或配方等独占因素成了影响商誉构成的重要因素。总体趋势是影响构成商誉的主要因素中"物"的因素越趋下降，而"人"的因素越趋于上升。随着高技术产业，知识产权密集型产业，文化创意产业等产业的兴起，人力资本的作用比以往任何时代都显得重要，因此，人力资本观的视角研究商誉是符合未来研究发展趋势的，同时也能够一定程度上弥补现有财务报告中对于人力资源披露的缺失。当然这也对商誉的研究提出新的挑战，由于"人"的因素比"物"更难以衡量，其中也必然存在与其他学科领域交叉部分，因此未来的研究方法也应趋向于跨学科研究。

随着资本市场的发展与繁荣，与其有着天然联系的会计也随之不断改进与完善。关于商誉的研究也从早期的理论分析，本质的争论逐渐转移到以实证研究为主流的趋势，由于自创商誉不予确认，因此现有文献关于商誉的实证研究主要集中在合并商誉的经济后果等方面。

二、合并商誉与企业绩效

早期关于商誉的研究较为统一地认为合并商誉能够给企业的市场价值及其绩效带来积极影响：Jennings 等（1996）基于 1982-1988 年间的确认商誉的企业的数据发现企业确认商誉能够显著提升股价。Chauvin and Hirschey（1994）发现商誉对于制造企业的盈利能力和公司价值都有正面的影响。Godfrey and Koh（2001）对澳大利亚上市公司进行研究也发现无形资产尤其商誉却认为资本后能够引起投资者兴趣，对公司价值影响较大。Johnson and Petrone（1998）发现合并商誉中"核心商誉"（协同效应与持续经营价值要素）与企业权益价值相较于其他要素相关性更强。Henning etal.（2000）将商誉分为持续经营商誉与协同效应商誉以及剩余商誉，研究发现持续经营商誉与协同效应商誉都对企业市场价值具有显著的积极影响，且投资者更关注协同效应商誉。Bugeja and Gallery（2006）基于澳大利亚上市公司的研究发现了商誉金额与权益价值的正相关关系。杜兴强（2010）以中国 A 股上市公司数据验证了商誉与权益价值的相关性，发现商誉比固定资产对权益价值的贡献更大。

但是近年来，尤其是合并商誉后续计量采用仅减值测试法以后，现有文献开始质疑合并商誉的会计信息质量，合并商誉对企业市场价值和绩效的积极作用以及商誉后续计量仅采用减值测试法的可靠性，同时也开始关注商誉确认以及减值对股价和资本市场金融风险的影响。由于现今我国 A 股上市公司拥有商誉的公司以及商誉占总资产的比重都有大幅的攀升，近年来资本市场频频爆发的巨额商誉减值可见，商誉问题已经成为我国资本市场的重要问题之一（林勇峰等，2017；陈汉文等，2018），商誉估值中的泡沫以及减值计提容易带来股价的崩盘，引发系统风险。由于商誉估值中的专业判断使得商誉容易被过分高估而为上市公司并购埋下风险隐患（傅超，2015），已有文献证实合并商誉与股价崩盘具有显著的关联，合并商誉的规模越大，企业的股价越容易发生崩盘。王文姣等（2017）研究发现上市公司拥有商誉且商誉规模与股价崩盘具有显著的正相关关系，上市公司商誉是股价崩盘的一个信号，此外，分析师和机构投资者能够对管理层操纵商誉起到一定外部监督作用。杨威等（2018）认为合并商誉能够提升企业的股价，但在牛市以及投资者持股期限较短的样本中由于投资者的过度反应给股价积累了泡沫，商誉与股价崩盘具有显著的正相关关系，且在商誉估值较高的样本中，高管减持的规模大于无商誉或者商誉较低的样本，即，高管有利用商誉进行盈余管理实现财富转移的动机。

除合并商誉对股价的影响，关于合并商誉对企业绩效的影响可谓众说纷纭，现有文献并未就此达成共识。但是近年来认为合并商誉具有被高估的倾向并且无法给企业市场价值和绩效带来积极影响的文献相对较多。早在 06 版本准则颁布后不久，就有文献对合并商誉的本质提出质疑，周晓苏和黄殿英（2008）认为并购过程中股东获得的短期超额收益与商誉并无关系，合并商誉有被高估的嫌疑，合并商誉仅仅只是合并的价差，且后续计量采用减值测试法增加了利润的波动，降低了商誉会计信息的可比性和可理解性，减值测试法有违商誉合并价差的实质。但是该文章受制于数据的不足并未对资本市场的合并商誉进行实证研究。Harford and Kai（2007）发现高管有利用并购来提高自身报酬的倾向，但是大部分并购商誉却并未给公司价值带来提升。郑海英等（2014）认为合并商誉虽然提升了企业当期的业绩但是对企业后续业绩起到了负面作用。何梦兰和陈矜（2018）以我国 A 股上市公司 2015 年因合并产生并购商誉的公司为研究样本，发现合并商誉对以 ROA 和净利润为衡量指标的当年及滞后一年的企业绩效均有负面的影响，但是当以托宾 Q 值为衡量指标时，合并商誉对企业当年及滞后一年的绩效均有正向的影响，且从相关系数来看，合并商誉的企业当年绩效的影响程度大于滞后一年的绩效，即合并商誉对企业绩效的影响程度随时间递减。

同样，也有文献肯定商誉对企业市场价值和绩效的积极影响；郭雪萌和余瑞娟（2016）以我国 A 股上市公司 2008-2012 年数据为样本通过事件研究法对商誉与企业并购前后的超额收益与企业财务绩效的影响进行了考察，发现商誉对二者均有正向的影响。傅超等（2016）认为我国 A 股上市公司所披露的合并商誉整体上能够为企业带来超额收益，但是创业板的企业中合并商誉却不能为企业带来超额收益，说明在我国创业板上市公司中所披露的合并商誉普遍具有被高估的嫌疑，且这种溢价估值受到"同伴效应"的影响（傅超等，2015）。田丽丽（2018）认为企业的并购商誉与无形资产都能够提高企业市场价值，但二者对企业市场价值的共同作用并不显著，即商誉并未与无形资产产生协同效应。冯科和杨威（2018）研究发现并购商誉对公司的市场业绩和会计业绩都具有"倒 U 型"作用，且对市场业绩的"倒 U 型"作用更为显著，即市场对并购商誉给企业业绩带来的影响有高估的倾向，但是并购商誉对企业绩效的促进作用在代理问题严重的公司中并不显著，代理问题会降低并购商誉对企业绩效的积极影响。

从上述文献可知虽然部分研究认为合并商誉对企业市场价值和绩效有积极作用，但是更多研究表明，现今资本市场合并商誉普遍具有被高估的倾向，且受到"同伴效应"以及代理问题等影响，合并商誉对企业市场价值和绩效的积极影响是十分有限的，较少有迹象表明合并商誉来自于并购后产生的协同效应。

除了合并商誉对企业市场价值及绩效的影响外，还有不少研究从并购特征、外部监督对合并商誉信息质量的影响等角度对商誉问题进行了探讨。已有文献表明，并购的类型以及并购的支付方式都会对商誉及其经济后果产生影响：吕超（2018）通过事件研究法发现并购商誉对企业（-3，+3）的窗口期内对企业的超额收益具有正向的影响，但是在分析了并购类型后发现多元化并购比相关性并购会削弱商誉为企业带来的超额收益，本质在于多元并购不利于并购后协同效应的产生。谢纪刚和张秋生（2013）股份支付的样本中，商誉的溢价支付更高，说明股权支付推高了并购商誉的估值。张新民等（2018）以我国 A 股上市公司 2007—2015 年的数据为样本，研究发现企业的内部控制能够对合并商誉的泡沫产生起到抑制作用：公司内控质量越好，并购形成的溢价商誉越小。并购后商誉计提减值的比例也越小，即合并商誉的质量越高。

三、合并商誉与盈余管理

（一）准则的弹性与盈余管理

由于公允价值的引入，也引起理论界对商誉会计信息质量的质疑，如果公允价值不是活跃市场的公开报价，那么这种难以核实的公允价值在商誉计量中的运用会给商誉的确认及其减值过程提供自由裁量权（Holthausen and Watts，2001；Ramanna，2008）。由于现行会计准则弹性的增加（张倩等，2016）同样给予了管理层盈余管理的空间。企业可以通过减值测试过程中的贴现率的选择以及现金产出单元或是资产组组合的划分等手段来对商誉减值进行操纵：Carlin and Finch（2009）认为 IFRS 商誉减值测试过程的严格性受到许多公司不恰当选择贴现率的影响；根据国际财务报告准则进行报告的公司有一系列机会以与透明和代表性财务报告目标不一致的方式定义和使用现金产出单元（Carlin and Finch，2010）；Avallone and Quagli（2015）以 2007—2011 年具有商誉账面余额的欧洲上市公司（德国、意大利和英国）为样本，研究发现增长率操纵是管理层操纵避免或减少商誉减值金额的一个重要解释变量。因此，商誉与盈余管理的关系一直是商誉会计研究领域的重点。

（二）商誉会计中的盈余管理行为

已有研究表明，管理层择机计提商誉减值来进行盈余管理（Holthausen and Watts，2001；Watts，2003；Henning et al.，2004；Ramamma and Watts，2012）。商誉减值计提的决策受到管理层激励机制的影响（Zang，2008），如果管理人的薪酬取决于公司净收入，他们就会试图避免减值损失来操纵收益（Ramanna and Watts，2012）；Filip et al.（2015）研究发现企业通过现金流管理来向分析师和审计师掩盖商誉需要计提减值的事实；张倩等（2016）认为企业会通过避免商誉减值损失来操纵利润，但这种行为会给企业在资本市场的公司价值造成负面的影响；Li and Sloan（2017）发现管理层利用 SFAS 142 在并购过程中高估商誉并利用自由裁量权延迟商誉减值，以便在短期内增加收益和股票价值。除了避免减值，管理层还存在计提商誉减值进行"洗大澡"（Li et al.，2011）和盈余平滑（黄世忠，2002；陆正华等，2010）的盈余管理动机。卢煜和曲晓辉（2016）以 2007-2013 年我国 A 股上市公司为样本，研究发现，商誉减值存在盈余管理动机，具体表现为盈余平滑动机和洗大澡动机，并且受到一系列其他因素影响。Saastamoinen and Pajunen（2012）研究了所选取的芬兰企业样本的商誉减值选择，他们证实了减值决策与近期的 CEO 更替和"大洗澡"行为呈正相关。Masters-Stout et al（2008）认为新上任的 CEO 更倾向于计提商誉减值，因为可以将责任归咎于之前管理层的收购决策，及早计提商誉减值将使未来收益更好。Abughazaleh et al.（2011）在英国也发现了类似的结果，具体来说，商誉减值更可能与最近的 CEO 变动、收入平滑和"大洗澡"报告行为有关，但他们还指出公司治理在限制管理层自由裁量权方面起到了作用。Giner and Pardo（2015）以西班牙上市公司 2005—2011 年的数据为样本，在控制了经济环境等影响因素后发现管理层在计提商誉减值时使用了自由裁量权，影响减值决策的动机主要为"洗大澡"和盈余平滑。于洪远等（2018）以我国

A 股上市公司 2007—2017 年的数据为样本，研究发现商誉减值与企业净利润和盈余管理的水平有显著的关系，企业当年的净利润越高、向下盈余管理水平越高越容易计提商誉减值，即商誉减值是企业进行利润平滑和负向盈余管理的手段之一。

（三）商誉会计中盈余管理的调节机制

有效的公司治理机制可以限制管理人的投机行为所带来的负面影响。商誉减值与有效的公司治理机制密切相关（Abughazaleh et al.，2011）。首先是董事会，如果董事会成员受到鼓励以维护自己的声誉，那么可以预计商誉减值将更可靠。Verriest 和 Gaeremynck（2009）证实了这一假设，他们构建了一个很可能减值商誉的欧洲企业样本。实证结果明确指出了董事会的质量是及时确认商誉减值的一个必要条件，作为董事会质量的两个常用措施，较多的独立董事成员以及 CEO 和董事长在董事会的权限分离与商誉减值决策呈正相关。王秀丽（2015）发现独立董事能在一定程度上保护投资者的利益，独立董事比例越高，公司管理层利用商誉减值调节利润的可能性更小。内部控制质量也是影响商誉会计中盈余管理行为的重要因素，高质量的内部控制可以提高商誉减值的价值相关性（曲晓辉等，2017）。Kabir and Rahman（2016）认为加强公司治理可以增强商誉减值对经济因素的反映程度，但不能完全消除管理层在减值测试中使用自由裁量权的机会主义行为。

此外，外部环境中有效的公共监管如审计监督以及机构投资者的监督有助于督促企业的及时计提商誉减值损失（Amiraslani etal.，2013；Andre etal.，2015；Glaum et al.，2017）。Chen et al.（2015）认为审计行业专业化与机构投资者可以降低商誉减值对分析师预测精度的不利影响。曲晓辉等（2017）认为审计质量高的公司商誉减值信息的价值相关性较高。

四、合并商誉与融资约束

叶建芳和何开刚（2016）研究了商誉减值测试的不可核实性是否会导致审计费用的上升。结果发现相对于没有商誉的公司，有商誉的公司审计费用明显上升，并且在那些确实计提了不可核实的商誉减值估计损失公司中，其审计费用增加的更多。商誉的不可核实性导致了审计费用的上升，同理，在现行准则下，商誉会计信息是否会增加企业的融资成本是值得探究的。上述文献综述中可知，如果公允价值不是活跃市场的公开报价，那么这种公允价值在商誉计量中的运用以及商誉会计中的盈余管理行为，增加了商誉估值的不可核实性，从而会导致信息不对称。如果商誉会计信息会增加信息不对称，那么也可能会对企业的融资活动造成影响，增加企业所面临的外部融资约束，提高企业的融资成本。然而，目前国内外文献关于商誉与融资约束的研究十分匮乏。

徐经长等（2017）对并购商誉与企业债务成本做出了研究，发现企业确认的商誉减值金额越多，债务成本越高，商誉减值会增加企业的债务成本。Amy（2017）认为由于商誉减值损失往往会加剧债权人的信息不对称，债权人可能会向持有商誉减值费用的公司发放短期债务，通过短期债务迫使更频繁的信息披露和重新协商合同条款来缓解信息不对称问题，以提高监测效率。Liberatore and Mazzi（2010）认为债务成本与根据《国际会计准则第 36 号——资产减值》（IAS No.36）披露的商誉强制性信息之间存在显著的负相关关系。Mazzi et al.（2014）研究了《国际财务报告准则第 3 号——企业合并》（IFRS No.3）和《国际会计准则第 36 号——资产减值》（IAS No.36）规定的商誉相关披露的合规性水平与公司隐含权益资本成本（ICC）的关联性，总体上，发现 ICC 和商誉相关的强制性披露水平之间显著负相关。除此之外审计质量也会对商誉对融资活动的经济后果产生调节作用：Iatridis and Senftlechner（2014）以澳大利亚的公司为样本研究发现聘请四大审计商誉的公司通常披露了更低的资本成本。总体上讲，现有文献认为商誉的会计信息质量及其披露程度与企业融资成本负相关。但从上述文献可知，目前国内外文献对于商誉与企业融资成本的研究仍是十分缺乏，商誉与融资约束的研究更是少有。因此，为了弥补现有文献对于商誉与企业融资活动研究的不足，本文研究的重点之一是即是对合并商誉是否会增加企业所面临的融资约束进行研究。

五、现有文献不足

不少文献认为商誉减值的计提并非完全是对后续经营中商誉价值下降的反映，而是来自于商誉确认时的过高溢价。Haynand Hughes（2006）认为商誉信息的披露无法为投资者提供充分预测商誉减值发生的信息，现有企业存在商誉减值滞后于企业绩效减值的情况，通常滞后三到四年，且相对于企业所披露的商誉信息，并购特征更能预测商誉的减值发生。Li et al.（2011）认为并购后商誉减值的发生是由于并购时对协同效应的高估，即过高的溢价支付所致。Olante（2013）以 1999 年至 2007 年 9 年期间美国上市交易公司进行的 929 次收购为样本，研究是否有许多商誉减值损失是由收购时目标公司超额支付而非商誉价值的后续恶化引起的，从而揭示会计商誉数字的可靠性。研究发现，某些并购特征对于商誉后续减值的发生具有很强的预测作用：首先是并购溢价支付对商誉减值的发生具有预测作用，且平均而言，收购公司更倾向于在股票收购中支付过高的价格，而不是现金收购。此外，商誉减值损失的发生与分配给商誉的购买价格的百分比正相关且强烈，即，商誉占购买价格的比例越高，后续发生商誉减值损失的可能性越高。这一结果表明，与支付价格相关的大量商誉更有可能包括除合并产生的协同效应和目标公司作为持续经营企业的价值以外的其他因素。同样的，Gu and Lev（2011）认为许多商誉减值的根本原因是收购时买方的股价过高，高价股票为管理者提供了强有力的激励，通过收购企业来利用溢价，通常支付的成本超过收购的协同效应，为随后的商誉减值埋下了隐患，他们的研究发现：股票溢价与企业收购的强度和会计商誉的增长密切相关；股票溢价能够预测商誉减值的发生及金额大小；高价公司收购往往是不明智的（过度支付和 / 或战略失误），其行为加剧了收购后买方的负回报。

其次，《美国财务会计准则第 141 号——企业合并》（SFAS No.141）的商誉计量方法一定程度上无法避免商誉确认时包含"非核心"部分。Johansson and Hjelström（2016）对《国际财务报告准则第 3 号——企业合并》（IFRS No.3）商誉仅采用减值测试法作为后续计量的实施情况进行了调查，研究发现只计提减值的方法产生了一个缓冲区，保护会计商誉不受减值影响。缓冲是由于内部产生的核心商誉和财务状况表中未确认的资产／负债的公允价值而产生的。因此，建议改变减值测试程序，以便采用与初始确认相同的计量和确认标准。

因此，Liberatore and Mazzi（2009）认为金融市场不应对商誉减值有重大反应，因为后者只代表一个没有财务意义的估计值。Hamberg and Beisland（2014）研究探讨欧洲背景下商誉会计变动之价值相关性效应：在采用《国际财务报告准则第3号——企业合并》（IFRS No.3）之前，商誉摊销与企业价值无关，然而，除了摊销外报告的减值与该期间的股票收益显著相关，相比之下，在国际财务报告准则第3号规定的只进行减值的制度下，商誉减值不再与股票收益相关。Šapkauskienė A et al.（2016）以瑞典上市公司2001—2010年的数据为样本对比了瑞典会计公认准则向国际会计准则趋同后的商誉减值相关性，研究发现商誉减值在从瑞典公认会计准则转换为国际财务报告准则后失去了价值相关性。尽管根据瑞典公认会计准则，商誉减值系数很大且意义重大，但采用《国际财务报告准则第3号——企业合并》（IFRS No.3）后，减值通常与股票回报（和价格）无关。

根据上述文献分析可知，现行准则下，合并商誉很有可能在确认之初便与"超额收益观"下的商誉本质有着较大区别，包含过多不属于"核心商誉"的部分。而现有文献的最大不足之处即为大多将研究重点放在商誉减值的问题上，本文认为，即使现今资本市场商誉问题是来自于频发的巨额商誉减值，但其根本原因在于商誉的初始计量有误。无论是监管部门还是准则制定机构都迫切想要提高和改进商誉减值计量的方法，但是想解决上述问题，仅仅只对商誉减值进行研究无异于舍本逐末，最核心的问题应该是从研究合并商誉的本质和改进合并商誉的初始计量入手。而现有文献无论是关于商誉与盈余管理还是商誉与融资约束的研究都集中在商誉减值的角度，因此，为了弥补上述文献的不足，本文将从合并商誉本身对企业盈余管理以及融资约束的影响角度进行探究，以期对现行商誉相关的会计准则提出改进的建议。

除了上述问题之外，现有文献还存在以下不足：

首先，关于合并商誉与企业市场价值以及绩效的影响主要以事件研究为主，多以并购前后为研究窗口期，且事件研究的窗口期较短，但合并商誉对企业的影响是长期的，跨越一个会计期间的，因此现有文献对合并商誉的研究期限普遍较短，不能很好地体现合并商誉的本质，且事件研究下，并未准确区分并购后超额收益以及合并商誉带来的超额收益，不具备很强的针对性。此外，现有文献对合并商誉及其企业绩效的影响研究并未区分合并商誉账面价值与当期确认的合并商誉的影响，由于合并商誉中存在的盈余管理行为，新增的合并商誉与业已形成的合并商誉对企业的绩效和市场价值应存在不同的影响，不能一概而论，而现有文献未对此进行区分研究。最后，现有文献对合并商誉对企业市场价值及绩效的影响研究，并未研究其作用机制，即合并商誉通过何种机制对企业的市场价值和绩效产生影响，这对于探究合并商誉的信息质量有着重要的意义，但现有文献较少涉及机制研究。因此，针对现有文献关于合并商誉与企业绩效研究中存在的盲点，本文欲对上述几个方面的问题进行研究，以弥补现有文献的不足，同时为商誉会计的理论与实务的改进提供有价值的建议。

第二节　制度背景

一、商誉的初始计量

（一）商誉的确认

按照来源不同，商誉可分为外购商誉和自创商誉。但是，外购商誉其实是被并购企业自创商誉的市场表现形式。对于外购商誉，或者称之为合并商誉，在各国或地区的会计准则中都做出了相应的规范。主张把外购商誉确认为一项资产（葛家澍，1996；罗飞，1997；赵宇龙，1997；徐泓、朱小平、杨万贵，1998；刘健、黄菊珊，1999；冯卫东，2010；杜兴强，2011）。

对于自创商誉是否予以确认，学术界存在较大争议。不主张确认自创商誉的理由主要有：一是自创商誉的成本难以与特定支出相配比，二是自创商誉的收益难以可靠计量。（葛家澍，1996；罗飞，1997；许家林1997；阎德玉，1997；刘健、黄菊珊，1999；崔静，2010）。主要确认自创商誉的理由也有两方面：一是不符合会计信息相关性质量特征的要求（葛家澍，1996）；二是将自创商誉与外购商誉的不同处理不符合会计一致性原则（白云霞，1999；邓小洋，2003；李健，2011）。还有部分学者，如于越冬（2000）、蒋基路（2003）、张秋生（2010）、李玉菊（2010）等都主张对自创商誉予以确认，纳入会计核算体系。

（二）商誉的计量

Francis More 在1891年首次对商誉计量问题进行讨论。Francis More 将商誉价值表示为过去几年的收购净利润，即其价值等于净利润乘以因子之积。根据他的观点，企业收购者可能会合理地预期其投资资本的收益（替代指定利率）。此收益应该足够高以弥补附属性风险。因此，他认为只有当企业获得的利润超过该收益（比方说每年6%—10%）时，价值才可归于商誉。另外，Henry and Hatfield 在1909年提出了两种不同的商誉评估方法：

将净利润资本化（在扣除已使用有形资本的正常利息备抵），从而基于持续经营假设获得整个企业的价值，然后减去有形净资产的价值；或将扣除利息后的剩余利润资本化。

Henry and Hatfield 提出的方法即是直接计量法和间接计量法的雏形，奠定了商誉计量的基础。根据 Sulaiman（1994）的研究，上述两种计量方法之间的显著差异性在于：第一种方法实际上是对预期收益流进行了评估。因此，商誉只是一个因该价值和有形资产价值之间的差异而产生的平衡项目，针对每项资产分开评估以计算其收益，即所使用资本的利息。净利润超出所使用资本的利息或收益的部分即为剩余或"超额"利润。这表明公司拥有"商誉"，同时商誉价值是基于剩余利润的资本化。后续的研究基本就分为直接计量法和间接计量法两种观点。

（1）直接计量法

直接计量法是以超额收益为基础的方法。主张这一直接计量法的学者认为，企业的商誉应该以直接计量方法为主，并以超额收益作为计量的标准（阎德玉，1997）。有学者提出以企业已实现的平均超额收益为基础计算（庄粉荣，1996；徐鸿等，1998）。朱德胜（1998）从预期收益原则的角度出发认为，应该合理预测企业超额获利能力和期限，然后以适当折现率对未来超额收益进行折现来计算商誉。汤湘希（2000）提出，商誉是组合无形资产，应采用层次分析法等方法将其分割，将这种过于笼统的不可辨认的隐含的无形资产凸现为可辨认的无形资产后，纳入现行的会计核算体系，目的在于解决市场认知的事实和会计记录之间存在的断层问题，显现出企业不同的资源和能力对企业的价值贡献。

直接计量法的争议在于难以判断超额收益的存续时间（也即商誉的服务期限）、未来获利能力和折现率的大小（许家林，1997；于越冬，2000），因此直接计量法计算的商誉缺乏可验证性。Egginton（1991）认为，这种整体评估的主观性和潜在波动性是导致现值模型未得到实践运行的原因之一。单纯的现值模型也将导致一系列经修改的预期持续无法得到确认。

（2）间接计量法

间接计量法以"总计价账户论"为基础，商誉的价值是企业全部资产价值与可辨认净资产公允价值的差额。间接计量法的支持者认为，合并商誉的确认应该建立在企业市场价值的基础上（许琼，2010），且这种方法相对公平，具有可验证性（张敬敏，2010）。

表 2-1　关于合并商誉定义的国际比较

国家 / 机构	年份	准则	定义
国际会计准则委员会（IASC）	1985	国际会计准则第 22 号——企业合并（IAS No.22）	并购方为获得未来经济利益的支出
国际会计准则理事会（IASB）	2004	国际财务报告准则第 3 号——企业合并（IFRS No.3）	在并购日，购买成本超过购买方所取得的被购买企业可辨认净资产公允价值的差额
	2008	国际财务报告准则第 3 号——企业合并修订版（IFRS No.3 Revised）	在并购日，被并购企业整体公允价值与根据本准则计量的所获得可辨认资产和承担债务在收购日的净值
美国会计原则委员会（APB）	1970	美国会计原则委员会第 17 号意见书——无形资产（APB No.17）	收购企业的成本超过其可辨认净资产的差额
美国会计准则委员会（FASB）	2001	财务会计准则公告第 142 号——商誉和其他无形资产（SFAS No.142）	收购企业的成本超过分配至收购资产或所承担负债中的净额

国家 / 机构	年份	准则	定义
英国会计准则委员会（ASC）	1984	英国第 22 号标准会计实务公告——商誉会计（SSAP No.22）	企业总体价值与企业可分离净资产公允价值总额的差额
英国会计准则理事会（ASB）	1997	英国财务报告准则第 10 号——商誉与无形资产（FRS No.10）	收购企业的成本与该企业可辨认净资产公允价值的差额
澳大利亚会计准则委员会（AASB）	1996	澳大利亚会计准则公告第 18 号——商誉会计（AAS No.18）	不可辨认的资产所带来的未来收益
中国财政部	2006	企业会计准则第 20 号——企业合并（CAS No.20）	合并成本与取得被购方可辨认净资产公允价值的差额

尽管学术界存在不同的理念，但从目前世界各国的会计准则实务情况来看，较为统一的做法是外购商誉确认为一项资产，而自创商誉不予确认。而对于合并商誉的初始确认和计量，从各国准则中对合并商誉的定义来看，间接计量法是对于合并商誉的主要计量方法。

二、商誉的后续计量

合并商誉初始确认后如何进行后续计量一直存在诸多争议，主要存在四种观点：直接冲销法、系统摊销法、永久保留法和减值计提法。

（一）直接冲销法

该方法的会计处理是：商誉一经收购，应完全冲销（Spacek，1964）。根据此方法，应将商誉直接冲销股东权益，一般为留存收益。Spacek（1964）认为，将合并商誉资本化和摊销是任意的，同时低估了净收益。因此，直接冲销相较于确认为资产其合理性在于更符合稳健性原则，因为无法准确预计并购后商誉的价值变化、耗损程度以及使用年限。使用直接冲销法的另一个理论基础是可以合理预期购入时的企业相关商誉将最终随着时间的推移而消失。该论据是基于一个事实：即并购企业的产品重要性将会削弱。因此，外购企业商誉很可能被冲销。这一观点的提倡者还认为，商誉会带来可计量的困难，与其他资产不同的是，它在大多数情况下无法单独出售。在这些情形下，将商誉列示到资产负债表中对于会计信息使用者没多少价值。直接冲销法的质疑者认为，其无法反映企业的平均利润所以也就无法反映商誉的经济实质（赵宇龙，1997）且由于直接冲销会使所有者权益缩水从而导致财务比率恶化筹资成本上升，因而在实务中不具有可行性（曲璐璐，2003）。

（二）系统摊销法

该方法是指将合并商誉作为一项资产入账并在合理期间（预计有效使用年限）内系统摊销，计入当期损益。系统摊销的合理性在于符合配比原则，将商誉作为资产入账实现了资本保全（葛家澍 1996）。许家林（1997）认为，系统摊销法比其他方法更稳妥并总结了折现法、曲线法、直线摊销法和直接冲销法。不赞成系统摊销的理由有：系统摊销是基于商誉的价值会逐渐下降消失，而如果商誉的价值反而出现上升的情况，则此种方法无法提供有关商誉的可靠信息（白云霞，1999）；另外人为规定商誉的摊销期限是主观的，在实际中商誉并不会呈直线型消耗（张琴、李晓玉，2007）而且摊销方法采用的成本市价孰低法可能提供给企业利润操纵的空间，因为企业可以按照自己的意图估计公允价值与商誉的账面价值（汪立元，2007）。

（三）永久保留法

该方法是指将商誉作为一项永久性资产入账，除非有证据表明超额收益能力消失才将其注销。Zeff and Dharan（1994）认为无法准确地确定商誉的折旧程度，所以无需将该折旧（摊销）计入经营账目中而且当未折旧商誉低于收购价时，则冲销商誉的做法过于保守。赵宇龙（1997）也赞同将商誉永久保留为一项资产，因为企业会努力维护其超额收益，所以这种会计处理符合商誉的经济实质。反对将商誉永久保留的原因是基于人力资本观，认为商誉是由于人力资本带来的超额收益，但不会持续太长时间，所以商誉不应该永久保留（于越冬，2000）。

（四）减值计提法

该方法是指定期对合并商誉进行减值测试，如果账面金额低于可收回金额，有减值迹象则先计提减值准备，当商誉发生减值时，就将减值部分注销。Hepburn（2004）认为减值计提法是合理的，可以为投资者对企业当前及未来的判断提供更可靠的信息，符合投资者的利益。合理性在于：基于商誉不会长期存在的观点认为减值计提法更符合商誉的经济实质（汪立元，2007；罗雪琴，2009；徐玉德、洪金明，2010），同时由于不再摊销，且减值一经确认不得转回能够减少企业利用商誉后续计量进行利润操纵，同时减值测试法进行后续计量可以缩小不同合并方法对于利润差异的影响，客观上起到了抑制企业虚假合并交易的作用（李谷音，2009）。持相反意见的学者们提出的主要原因有商誉减值没有明确的判断标准，且减值测试发生的费用不符合成本效益原则（冯卫东，2010）；减值测试方法造成了"更难以理解的后果"，而且如果商誉的价值并没有下降而是升值，则减值测试的处理并不符合实际情况（蔚然，2010）；现行会计计量的合并商誉有包含不属于商誉的部分，应分别直接冲销资本公积和计提减值（杜兴强，2011）。

表 2-2   关于合并商誉后续计量的国际比较

国家 / 机构	年份	准则	商誉会计处理
国际会计准则委员会（IASC）	1983	国际会计准则第 22 号——企业合并（IAS No.22）	要求合并商誉在不超过 20 年的有用使用年限内进行系统摊销或者立即注销。
	1998	对 IAS No.22 做了修订	规定商誉按有用年限系统摊销，对摊销期限和方法至少在年末进行核查并取消了立即注销法
国际会计准则理事会（IASB）	2004	国际财务报告准则第 3 号——企业合并（IFRS No.3）	指出企业必须仅能采用购买法合并，并对合并商誉采用减值测试法。同时废止国际财务准则第 22 号《企业合并》（IAS No.22）对商誉采用不低于 20 年的系统摊销法，此变化同美国准则发展一致

国家／机构	年份	准则	商誉会计处理
美国会计原则委员会（APB）	1970	第17号《无形资产》意见书	将商誉在不超过40年内进行系统摊销
美国会计准则委员会（FASB）	2001	财务会计准则第142号——商誉及其他无形资产（FAS No.142）	商誉初始确认后不再进行摊销，而是进行至少一年一次的减值测试
英国会计准则委员会（ASC）	1982	商誉会计征求意见稿（ED No.30）	允许公司在收购当年冲销商誉，或者按照建议的最长不超过20年资本化和摊销商誉。但不允许确认自创商誉
	1984	英国第22号标准会计实务公告——商誉会计（SSAP No.22）	虽然它允许按照其使用年限进行商誉摊销，但该声明建议直接用商誉冲销准备金
	1990	合并商誉的会计处理征求意见稿（ED No.47）	合并商誉的会计处理只可将其作为可摊销资产，并且规定，除特殊情况合并商誉可按40年的最高年限予以摊销外，一般情况下摊销期不得超过20年
英国会计准则理事会（ASB）	1997	财务报告准则第10号——商誉和无形资产（FRS No.10）	当商誉具有有限的经济使用年限时，应当按照系统的方法在该年内予以摊销；当商誉的经济使用年限不确定时，就不必予以摊销。外购商誉的经济使用年限一般不超过20年，但在下列情况并存时，可以超过20年：（1）有证据表明所购买的企业具有耐久性，并可以证明其经济使用年限超过20年；（2）商誉能够持续的加以计量，从而可以进行逐年的减值检查
加拿大特许会计师协会（CICA）	1974	CICA第1580款"企业合并"	要求将外购商誉资本化和摊销，但年限为40年。但是，加拿大标准并不适用于自创商誉
	2002	发布了征求意见稿，考虑根据国际财务报告准则IFRS No.3对现行规定进行修改	对商誉采用减值测试法的意见征求稿，并在2005年开始实施
澳大利亚会计准则理事会（AASB）	1984	澳大利亚会计准则第18号——商誉会计（AAS No.18）	要求以收购对价超出收购可辨认净资产的部分计量的外购商誉，应被确认为资产，并按最长年限20年系统化摊销
	1996	澳大利亚会计准则第18号（AAS No.18）与原国际会计准则IAS No.22高度趋同	规定商誉可以在不超过20年的受益年限内摊销
	2004	澳大利亚会计准则第3号会计准则公告——企业合并（AAS No.3）	对商誉不予摊销，而是进行至少每年一次的减值测试。该准则已于2005年1月1日开始实施

续 表

国家/机构	年份	准则	商誉会计处理
中国财政部	1996	企业合并征求意见稿	商誉被定义为企业支付成本超过被购方可辨认资产和负债公允价值的股权份额的超出部分。正商誉的摊销期限不超过10年,负商誉摊销期限不超过5年,均使用直线法摊销,计入各期收益。
	2006	企业会计准则第8号——资产减值(CAS No.8)	规定对商誉的会计处理方法由公允价值法代替直线摊销法,企业合并形成的商誉每年至少进行一次减值测试,并结合相关资产组和资产组组合进行测试

由此可看出,早期实务界对于合并商誉的后续计量方法以摊销法为主,且多数国家采取的是直线法摊销,但是随着美国以及国际会计准则理事会对于商誉减值的推行,各国也逐渐地与国际趋同,废止了商誉的摊销,取而代之的是商誉的减值处理方法。但是日本在引入 IFRS 时候保留了商誉摊销的后续计量方法。而意大利会计准则制机构(OIC)意大利会计局(OrganismoItaliano di Contabilità,OIC)也支持商誉摊销的后续计量方法,理由首先是摊销的计量更为可靠且可验证,其次摊销能够很好地反映并购主体分期消耗并购所获得的经济资源的情况。①

三、商誉会计改进的进展

自主要国家地区与国际财务报告准则趋同后,关于商誉会计的准则在世界范围内并未有较大的改革,但是国际上,准则制定机构对于商誉会计准则的完善改进和探索从未懈怠。

美国财务会计准则理事会(FASB)于 2007 年修订了《财务会计准则 141 号》(SFAS No.141(Revised 2007)(as amended))②。该准则中增加了如下要求:1 要求收购方在收购日确认或有对价,以其在收购日的公允价值计量;2 将议价收购定义为一种企业合并,其中收购的可辨认净资产的总收购日公允价值超过转让对价的公允价值加上被购买方的任何非控制性权益的部分确认为商誉;3 要求在企业合并中获得的没有其他未来用途的研究和开发资产以其购买日公允价值计量,然后立即直接计入费用;4 要求收购人确认其递延所得税福利金额的变化。可见,修订后的 SFAS No.141 中主要是对合并商誉计量的改进,尽可能地将可辨认资产且与商誉本质无关的要素在并购时予以确认,从而可将无关要素从合并商誉的初始计量金额中予以筛除。在 FASB 后续发布并持续更新的《会计准则更新—无形资产—商誉及其他(350 号议题)》(ASU—Intangibles—Goodwill and Other(Topic

---

① EFRAG.Questionnaire on goodwill impairment and amortisation[EB/OL].[2012-07].http://www.fondazioneoic.eu/wp-content/uploads/downloads/2012/07/Questionnaire-on-goodwill-impairment_OIC_EFRAG.docEFRAG.Should goodwill still not be amortised? [EB/OL].[2014-07].http://www.fondazioneoic.eu/wp-content/uploads/downloads/2014/07/140722_Should_goodwill_still_not_be_amortised_Research_Group_paper.pdf
② FASB. FAS 141 (Revised 2007) (as amended) [S], 2007.https://www.fasb.org/jsp/FASB/Document_C/DocumentPage?cid=1175802017611&acceptedDisclaimer=true

350））①中一直致力于改进商誉减值测试的方法：首先规定了以报告单元为商誉减值测试的单元，采用两步法进行商誉减值测试，同时简化了减值测试的第二步。为了进一步简化商誉减值测试过程以及提高减值测试效率，允许在减值测试之前采用定性分析方法以确定是否需要进行减值测试。此外，在 2014 年的 FASB 的理事会会议②中提出改进对私营企业以及非盈利组织的商誉减值方法：1 非盈利组织应处理合并差价的过程中，应采用直接注销法并将其作为当期损益进行核算；2 简化了私营企业的商誉减值测试过程：允许私营企业采用 PCC 模型摊销商誉，期限不超过 10 年，以报告单元或企业总体作为减值测试单元，进一步提高了减值测试单元层次，用事项触发替代之前减值测试的定期执行频率。

国际会计准则理事会（IASB）2008 年发布 IFRSNo.3 修订版（IFRS 3—Business Combinations（Revised）2008）③，与原 IFRSNo.3 相比，对商誉的初始计量进行了修订，以被购买方的整体公允价值代替了购买方的投资成本，即合并商誉的初始计量从买价与公允价值的差额变为两个公允价值（整体公允价值与可辨认净资产公允价值）的差额。而该整体公允价值包括：并购日转移对价的公允价值、非控制权益的金额以及多次购买情况下，以购买日为准，购买方原持有的被并购方权益的公允价值。同时在《国际会计准则第 27 号——合并和单独财务报表》（IAS27——Consolidatedand Separate Financial Statements）④中允许采用全部商誉法，即企业可自主选择在合并报表中合并商誉的列报是否包含少数股东商誉。2015 年 IASB⑤对商誉的会计处理提出如下改进建议：1 简化可收回金额的确定，仅以使用价值（现金流量现值）确定可收回金额价值；2 合理确定商誉减值测试的频率，企业可在出现减值迹象时再进行商誉减值测试；3 最大限度地将无形资产从商誉的金额中予以辨认和剥离；4 企业应根据不同性质的商誉考虑予以分别处理；5 增加资产组的确定以及商誉如何分配到资产组的指导。由于被并购方企业的内部自创商誉未予以确认，因此混入了合并商誉的初始计量金额中，IASB 将这部分自创商誉定义为并购前的内部净空

① FASB.Proposed ASU—Intangibles—Goodwill and Other (Topic 350): How the Carrying Amount of a Reporting Unit Should Be Calculated When Performing Step 1 of the Goodwill Impairment Test (a consensus of the FASB Emerging Issues Task Force)[EB/OL].[2010-10-06].https://www.fasb.org/jsp/FASB/Document_C/DocumentPage&cid=1176157591148FASB. Update No. 2010-28—Intangibles—Goodwill and Other (Topic 350): When to Perform Step 2 of the Goodwill Impairment Test for Reporting Units with Zero or Negative Carrying Amounts (a consensus of the FASB Emerging Issues Task Force)[EB/OL]. [2010-10-06].https://www.fasb.org/jsp/FASB/Document_C/DocumentPage&cid=1176158032833FASB.Update No. 2011-08— Intangibles—Goodwill and Other (Topic 350): Testing Goodwill for Impairment[EB/OL].[2011-09].https://www.fasb.org/jsp/ FASB/Document_C/DocumentPage?cid=1176158924168&acceptedDisclaimer=true

② FASB.Accounting for Goodwill for Public Business Entities and Not-for-Profits[EB/OL].[2014-11-05].https://www.fasb. org/jsp/FASB/Document_C/DocumentPage&cid=1176164541805FASB.Accounting for Identifiable Intangible Assets in a Business Combination (PCC Issue 13-01A)[EB/OL].[2014-12].https://www.fasb.org/jsp/FASB/Document_C/DocumentPage&c id=117616396723FASB.FIF (December 2014) Accounting Standards Update for Private Companies Accounting for Identifiable Intangible Assets in a Business Combination[EB/OL].[2014-12].https://www.fasb.org/cs/ContentServer?c=Document_C&cid=1 176164672067&d=&pagename=FASB%2FDocument_C%2FDocumentPage

③ IASB. IFRS 3 — Business Combinations (Revised) [S]，2008.https://www.iasplus.com/en/standards/ifrs/ifrs3

④ IASB. IAS 27　— Consolidated and Separate Financial Statements [S]，2008.https://www.iasplus.com/en/standards/ias/ ias27

⑤ IASB. Agenda Paper 18A and 18B: Goodwill and Impairment project: Improving the impairment test [EB/OL].[2015-10]. https://www.iasplus.com/en/meeting-notes/iasb/2015/october/goodwill-and-impairment

（pre-acquisition headroom），由于这部分净空的存在，给合并产生的商誉提供了保护伞，使得合并商誉减值迹象只有在内部净空消耗殆尽之际才显现出来，从而导致合并商誉减值的确认不及时以及减值金额计提的不足。因此，为了避免并购前内部净空对合并商誉减值测试的扭曲，2016 年 IASB[①] 提出采用并购前净空法（PAH——pre-acquisition headroom）对合并商誉进行后续计量。

由此可见，虽然对于合并商誉的确认和计量目前各国普遍采用间接计量法，且仅减值测试作为唯一的后续计量方法，但是其在实务中引起的商誉估值问题以及其后续计量方法合理性和效率问题一直是准则制定机构力图改进的地方。而我国在 2006 年与国际会计准则趋同后，对于商誉相关的会计准则却一直没有进行任何的修订和准则实施情况的反馈（类似 IASB 发布的 PIR[②]）。因此，本文致力于对目前我国商誉会计的实施情况以及经济后果做出研究，同时据此提出相应的准则改进建议。

---

① IASB. Agenda Paper 18B: Goodwill and Impairment: Subsequent accounting for goodwill [EB/OL].[2016-06].https://www.iasplus.com/en/meeting-notes/iasb/2016/june/goodwill-and-impairment

② IASB.Post-implementation Review of IFRS 3 Business Combinations [R], 2015https://www.ifrs.org/-/media/project/pir-ifrs-3/published-documents/pir-ifrs-3-report-feedback-statement.pdf

第二章 理论基础与理论框架

第一节 经济学基本理论

一、信息不对称

（一）信息不对称理论

信息不对称（Asymmetric Information）是指有关交易的信息在相关交易的双方之间的分布不均匀、不对称的情况，即存在一方比另一方信息占优的现象。根据信息不对称产生的时间，即产生于合约签订的前、后将信息不对称分类为事前信息不对称与事后信息不对称，二者将分别引发"逆向选择"与"道德风险"等问题。其中"逆向选择"是指合约签订前交易双方由于信息不对称而产生的扭曲市场价格，劣质产品驱逐优质产品，产品平均质量下降，进而市场萎缩的现象。而"道德风险"是指在合约签订后，代理人与委托人之间的信息不对称而引发的代理人机会主义行为的现象。因此信息不对称严重影响了市场经济运行的效率，属于市场失灵的表现之一。

自 20 世纪 70 年代美国经济学家 George A.Akerlof 以二手车市场提出信息不对称问题开始，信息不对称理论（The Asymmetric Information Theory）成了微观经济学理论研究的核心问题之一。不少学者从众多领域对信息不对称理论进行了拓展研究，其中 George A.Akerlof、Michael Spence、Joseph E.Stiglitz 分别从产品市场（二手车市场）、劳动力市场以及金融市场三个领域对信息不对称理论进行了探讨，奠定了市场经济信息非对称理论的基础框架。George A.Akerlof 以二手车市场为例提出了"柠檬市场"模型，在二手车交易中，由于买卖双方的信息不对称，为了规避风险的买家会倾向于压低二手车价格，而高质量二手车的卖家不愿意以被低估的价格出售二手车，从而导致高质量的二手车卖家退出二手车市场，因此市场会逐渐被劣质二手车占据，出现"劣币驱逐良币"的现象，买家则会进一步压低车价，最后二手车市场会逐渐萎缩至消失，"柠檬市场"即为信息不对称理论产生之初的经典例子。

事实上，除了上述产品市场之外，信息不对称是广泛存在的，随着资本市场的兴起与发展，信息不对称在资本市场中的表现是当今对于资本市场实证研究的重要理论基础。在当今的资本市场中，不仅仅是交易的双方，由于各个经济个体之间获取信息的能力不同，上市公司的所有者、投资者、管理层、外部监管部门、员工等一切利益相关者之间，均存在不同程度的信息不对称。此外，由于社会分工越来越细、越来越专业化倾向，各行各业信息使用者之间的信息差别越来越大，诸多专业性很强的信息对非专业人员来说可谓隔行如隔山。因此，在现今资本市场相关的研究中，信息不对称理论是十分重要的理论基础之一。

（二）信息不对称理论对本文研究的启示

在并购前，首先，信息不对称双方的被并方拥有更多自身内部经营相关信息，因此被并方可能有动机向并购方隐瞒不利信息，而推高被收购方的公司净资产估值，从而推高商誉的估值。其次，并购的双方相对于外部投资者拥有更多公司内部以及并购相关信息，双方可能存在合谋高估被收购企业价值，高估商誉，进而达到促进短期市场绩效或者利益输送等目的。在并购后，对于业已确认的合并商誉，管理层经营者相对外部信息使用者属于信息占优方，因此管理层有利用商誉的后续计量进行盈余管理而实现自身利益最大化的动机，例如择机计提商誉减值，同时，由于商誉减值测试的过程涉及诸多专业判断，因此专业人员相对于非专业人员，企业内部经营者相对于外部投资者以及监管部门等外部信息使用者，属于信息占优方，而我国当今资本市场上对于合并商誉及其后续计量的相关信息披露严重不足，这容易使得商誉沦为盈余管理的工具，损害其他属于信息弱势方的利益相关者的利益。可见，信息不对称在分析合并商誉的问题中是重要的理论基础之一。

二、代理理论

（一）单委托代理理论

委托代理理论是随着所有权与经营权的分离而产生的，现代股份制公司的出现和发展也极大地推动了委托代理理论的研究与发展。自20世纪60年代末70年代初，Jenen and Meckling（1976）、Fama and Jensen（1983）、Coase（1993）等经济学家开始探讨委托代理理论，通过众多学者的补充和扩展逐渐形成了西方传统委托代理理论。传统委托代理理论主要是以"Berle-Means"（1932）式股权结构（股权高度分散）公司为研究对象，将全体股东统一作为委托人，管理者作为代理人，仅讨论如何解决单个委托人（全体股东）与单个代理人（管理者）之间的单一委托代理矛盾，即单委托代理理论（冯根福，200）。

但是"Berle-Means"式股权结构的公司仅在英美等国家占多数，除此之外，大多数国家和地区的上市公司，尤其是发展中国家和亚太地区其股权结构都较为集中，甚至高度集中（La porta et al., 1999）。此外，由于发展中国家及地区的保护中小股东利益的法律制度等相对不健全，大股东或控股股东侵占中小股东利益的情况较为普遍，大股东与小股东之间的利益冲突表现得更为严重。因此，在股权相对或高度集中的国家和地区的企业中，除了股东与管理者之间的利益冲突，如何协调大股东与中小股东的矛盾也是公司治理需要考虑的，而单委托代理理论并不适用于股权相对集中的国家以及地区的公司治理，由此双重委托代理理论应运而生。

（二）双重委托代理理论

在传统委托代理理论下，公司治理的主要目标在于保证管理层（代理人）能够按照全体股东（单个委托人）的利益行事，属于第一类代理问题，而这种理论主要适用于股权高度分散的国家和地区的上市公司。在股权相对或者高度集中的上市公司中，由于中小股东的持股比例较低，在监督管理层的问题上普遍存在"搭便车"行为，而大股东或控股股东由于财富与公司价值相关性更强，因此具有更强烈的针对管理层进行监管的动机，同时大股东和控股股东也更具有能力对管理层进行监督。所以在股权集中度较高的公司中，全体股东与管理层之间的利益冲突转变为以大股东和控股股东为主作为委托人与代理人管理层之间的利益冲突。这种代理关系能够一定程度上缓解股权高度分散下，信息不对称、集体行动难题等造成的公司治理对管理层监管的缺位，但是弊端在于，大股东和控股股东也容易因为自身利益而侵占和损害中小股东的利益，因此股权集中的公司中，大股东和控股股东对管理层的监管虽然有助于缓解第一类代理问题，但是由于剩余索取权与控制权的分离滋生了第二类代理问题（La Porta et al.，1999），即大股东与小股东之间的委托代理问题，大股东可能通过掏空（Tunneling）等行为来损害中小股东的利益。在我国现阶段的上市公司中，由于股权相对集中，因此在分析我国资本市场中的问题时以双重委托代理理论作为代理问题的理论基础比传统委托代理理论更为适合。

（三）股东与债权人之间的代理问题

代理问题除了存在于上述的股东与管理者以及大股东与小股东之间，还主要存在于股东与债权人之间（Jensen & Meckling，1976）。股东与债权人之间的代理冲突主要会引起资产替代（Jensen&Meckling，1976）和投资不足（Myers，1977）等问题。由于股东与债权人之间的目标利益不同，债权人更关注资金的安全以及企业的偿债能力，而股东拥有的是剩余索取权，因此更关注资金的收益和企业的盈利能力，因此股东倾向于投资风险较大收益较高的项目，增加债权人所面临的风险，从而降低债务的价值，以达到将风险转移到债权人，将财富转移到自己手中的目的，这种现象即"资产替代"。同时由于公司的债务水平上升，使得公司的债券融资成本会提高，致使公司面临更高的外部的债权融资约束，从而降低了公司的投资水平，使得企业即使遇到好的项目也无法进行有效投资，这种现象即"投资不足"。

（四）代理理论对本文研究的启示

综上分析，三种主要类型的代理冲突：股东与管理者、大股东与小股东以及股东与债权人之间的代理问题构成了现代代理理论的基础框架。

在合并商誉的确认计量以及后续计量中，现有准则赋予的管理层较大自由裁量权，使得管理层有机会利用商誉作为盈余管理的工具。相较于股东，管理层更倾向于牺牲企业长期利益以谋求企业短期利润的提高，为自己带来薪酬或者声誉方面的利益，因此管理层可能会利用并购这种外延式增长方式迅速提高企业短期的市场价值和绩效，同时也达到建立管理者帝国的目的。因此在并购前后，管理层都具有较强的盈余管理动机，在并购前，管理层可能会利用信息不对称以及商誉估值中的复杂性和专业性来推高企业商誉的估值，由于投资者的过度反应（王文姣等，2017；杨威等，2018），高溢价商誉可能会刺激企业短期的市场价值和绩效，因此能够为管理者带来短期的利益和声誉。而已经确认的合并商誉，由于其后续计量仅采用减值测试法，因此管理层也有利用商誉的后续计量进行盈余管理的空间，通过择机计提商誉减值以及操纵商誉减值的金额来达到盈余管理的目的。因此，在信息不对称的情形下，合并商誉的盈余管理行为成为股东与管理者之间代理问题的一个体现。

此外，从我国近年来资本市场巨额商誉减值问题频发的现象可知，高溢价商誉确认的后果并不如预期般为企业带来长久的超额收益，相反，可能在商誉过高估值确认之初就为企业埋下巨额商誉减值的风险（傅超，2015），同时商誉金额与股价崩盘也有一定的联系（王文姣等，2017；杨威等，2018）。由此可见，相较于债权人，股东对高风险高收益项目的投资偏好使得企业容易采取过激的并购增长方式，因此，现今A股市场的高溢价合并商誉，是股东"资产替代"的方式之一。然而合并商誉中隐含的泡沫风险增加了债权人所面临的风险，由于股东与债权人之间的"资产替代"问题以及上述管理者的"道德风险问题"，也使得债权人会"惜贷"，在签订合约时提高利率水平。目前已有文献证实合并商誉信息会对企业债务资本成本产生显著的影响，尤其合并商誉减值会增加企业的债务资本成本（徐长经等，2017）。因此，合并商誉信息可能引起的企业债务融资成本的增加，使得企业所面临更强的外部融资约束，从而引起"投资不足"的问题，进而对企业绩效也会产生不利影响。上述合并商誉可能引起的融资约束和投资不足的问题体现了股东与债权人之间的代理问题。

第二节　会计学基本理论

一、会计目标受托责任观 VS 决策有用观

会计作为一项重要的经济管理活动，其目标旨在满足信息使用者（包括内部使用者和外部使用者）的需求。会计目标主要受到两种观点的影响：受托责任观以及决策有用观。由于经营权和所有权的分离，因此会计目标在于协调委托人以及被委托人之间的代理矛盾，受托责任观下的会计目标旨在真实、客观地为委托人提供企业经营活动的相关信息，强调可靠性胜过相关性，主要基于历史成本计量属性。美国财务会计准则委员会（FASB）在2010年颁布的《财务会计概念公告第8号——财务报告概念框架》（Concepts Statement No.8——Conceptual Framework for Financial Reporting）中修正了过去财务报告以为股东提供所需信息为主要目的的会计目标，该公告指出通用目的的财务报告目标不仅仅是为了主体投资者服务，还应满足更广泛的信息需求者的需求（包括股东、债权人以及潜在投资者、

债权人和其他信息使用者）。由此可见，随着社会经济的发展，资本市场的繁荣，各种金融中介机构的产生，委托人与受托人之间的委托代理关系除以往一样通过直接投资建立以外，还可以通过资本市场以及各种中介机构建立间接投资关系以及各种合作经营关系，以至于仅强调委托人信息需求的受托责任观具有一定局限性，相较之下决策有用观则具有更好的适用性。首先决策有用观不仅仅只强调受托人的信息需求，还兼顾各种外部投资者以及潜在投资者的信息；其次，决策有用观不仅仅强调过去的经营成果，也强调现在及未来的有用信息，包括经营现业绩、资源变动等各种能够对决策者提供决策帮助的信息，相较于受托责任观，决策有用观更强调会计信息的相关性，多种计量属性并存择优。因此，决策有用观为目前世界各国会计准则的会计目标所采用。

二、会计信息质量特征相关性 VS 可靠性

会计信息质量特征是保证会计信息能够实现会计目标的约束和要求。根据联合概念框架《财务会计概念公告第 8 号——有用财务信息的质量特征》：会计信息质量特征主要包括基本质量特征和增强质量特征。其中基本质量特征包括相关性、如实表述（联合概念框架中将可靠性替换为如实表述）和重要性。增强质量特征包括可比性、可验证性、可理解性和及时性，成本效益原则是约束条件。根据我国《企业会计准则——基本准则》（由财政部 2006 年颁布），会计信息包括八项质量特征：可靠性、相关性、可理解性、可比性、实质重于形式、重要性、谨慎性和及时性。决策有用观强调会计报表的有用性，因此相关性是决策有用观会计目标下最重要的会计信息质量特征。

相关性要求会计信息要求会计信息应当与会计信息使用者的经济决策需要相关，能够为决策制定提供帮助，会计信息不仅需要具备证实、评价和修正企业过去经营成果的反馈价值，同时还需具备预测企业未来的经营活动和财务状况等的预测价值。然而企业会计信息主要是由内部提供，由于信息不对称以及代理问题的存在，任何虚假不实的信息都可能损害投资者以及债权人等外部信息使用者的利益，因此，即使在决策有用观下，可靠性仍然是保证会计信息有用的基础，也是会计信息相关性的前提。可靠性要求会计信息应当以实际发生的经济业务为依据，不得有重大遗漏或差错，如实反映财务状况和经营成果，不应有虚假或误导信息使用者进行决策判断的陈述。鉴于可靠性与相关性在某些情况下的对立属性，使得不少相关信息由于无法满足可靠性而不得入账，在联合概念框架中，可靠性被如实表述所取代，如实表述要求会计信息质量具有中立性、完整性以及无重大差错性。如实表述与可靠性对会计信息质量的要求是相似的，但是却放松了计量属性的要求，即如果相关经济事项能够被合理、如实的表述和计量，不一定需要以实际发生的历史成本进行入账。因此如实表述下，公允价值得到了更广泛的运用。

三、准则弹性规则导向 VS 原则导向

我国 06 版企业会计准则向国际会计准则趋同，由规则导向过渡为原则导向。原则导向会计准则主要是确定基础性原则，在准则的实施中给予会计从业人员更多的专业判断空

间，而规则导向会计准则更为详细具体。因此，相较于规则导向，原则导向下的会计准则一定程度上提高了准则的弹性。FASB认为在原则导向下，会计信息能够更为有效、及时地向信息使用者提供决策有用信息，更好的反应复杂多变的资本市场的经济环境，可适用范围更广泛。原则导向会计准则更为符合决策有用观的会计目标，更能保证会计信息的相关性质量特征。但是原则导向也是一把"双刃剑"，虽然更多的保证了会计信息质量的相关性，但是由于其强调"实质重于形式"的原则，赋予了准则较大自由裁量权，也给予了信息提供者更多盈余管理的空间，使得会计信息质量的可靠性受到一定挑战，同时，由于原则导向下诸多会计信息的确认计量过程较为主观，也具有降低会计信息可比性的弊端。简而言之，我国现行会计准则遵循原则导向，虽然更符合经济和资本市场发展趋势，与决策有用观会计目标相符，也有利于保证会计信息的相关性，但是原则导向下准则弹性的增加，给予了会计信息的提供者较大盈余管理的空间。

四、会计基本理论对本文研究的启示

综上所述，会计与资本市场有着天然联系，资本市场的发展影响着会计的变革，反过来会计的发展也促进着资本市场的进一步繁荣。为了适应资本市场的复杂的产权关系，会计目标从受托责任观转变为决策有用观为主，更加强调会计报表的有用性，在保证可靠性的基础上，相关性会计信息质量也变得越发重要，由此，我国会计准则也由规则导向趋同于国际会计准则的原则导向，倡导"实质重于形式"，以求更为及时、全面地为信息使用者提供所需的会计信息。但是，决策有用观下对会计信息质量相关性的强调以及"如实表述"对可靠性的替代，都扩大了公允价值计量的运用范围。公允价值从获取来源分为三个层级：活跃市场上的公开报价、类似资产负债的活跃或者非活跃市场上的公开报价以及价值模型估值，即公允价值计量从理论上主要有两种来源：市场价格和未来现金流量贴现价值。如果无法取得第一、二层级的报价，则公允价值主要来源于估值，而使用贴现估值中所输入的参数如：未来可能获得的现金流量、终值的大小、风险的大小以及经过风险调整后的贴现率的大小都涉及较多主观判断。随着公允价值计量发展，其被广泛运用在现今大多数国家会计准则中，关于商誉的确认、计量以及后续计量中，因此，有不少学者质疑运用非公开活跃市场报价的公允价值所计量下的商誉会计信息的可靠性和可验证性，认为此种情形下合并商誉的确认及后续计量会增加公司的会计信息不透明程度。此外，原则导向下会计准则对于合并商誉会计的指导过于笼统，这使得后续计量中，对于何时计提商誉减值以及减值金额的计量都具有较强的可操控性，易使合并商誉沦为盈余管理的工具。此外，虽然我国现行会计准则要求在财务报表附注中披露商誉的来源以及账面价值的变动等信息，但是企业对于合并商誉的信息披露仍然十分不足，且对于减值测试的模型以及折现率的选择都缺乏可信的解释，且没有统一的标准，不具可比性。以上情况皆导致合并商誉会计信息的可读性和可理解性不足，增加了外部信息使用者所面临的信息不对称程度。

第三节　商誉的本质理论与商誉的计量

一、超额收益观与直接计量法

关于商誉本质的理论已在本文前一章的文献综述中论述。影响最为广泛的"三元理论"中：超额收益观和总计价账户观是商誉计量的主要理论基础。超额收益观下，商誉的本质是企业能够获取超额收益的能力，在超额收益观的理论基础上，商誉的计量方式为直接计量法。因此，直接计量法下，商誉的价值不以其获得成本为计量的基础，而是以其为企业带来的超额收益为计量的基础，将商誉预期为企业创造的超额收益（通常为高于同行业公司的平均水平的那部分收益的价值）折现或者资本化即为合并商誉的价值。即：

$$GW = \sum_{t=1}^{n} \frac{E_t}{(1+i)^t} \qquad\qquad (2\text{-}1)$$

$$E_t = NA_t \times (r_t - \overline{r_t}) \qquad\qquad (2\text{-}2)$$

$$GW = \sum_{t=1}^{n} \frac{NA_t \times (r_t - \overline{r_t})}{(1+i)^t} \qquad\qquad (2\text{-}3)$$

其中：GW 代表商誉的估值；

E_t 代表 t 期企业超额盈利；

NA_t 代表 t 期企业净资产；

r_t 代表 t 期企业实际净资产收益率；

$\overline{r_t}$ 代表 t 期该企业所在行业评价净资产收益率；

i_t 代表折现率；

n 代表企业超额盈利的持续期间（也可理解为商誉的服务年限）。

超额收益观下的直接计量法既考虑了资金的时间价值又符合商誉的经济实质，但是亦有其固有的缺点，如：折现率的选择，企业超额收益的持续期间如何确定，企业未来收益的估计等需要输入的参数属于主观判断的范畴，依据这种方法估值的商誉价值的客观性受到质疑。

二、总计价账户观与间接计量法

根据总计价账户观（又称剩余价值观），商誉的本质是企业整体价值超过企业可辨认净资产公允价值总和的差额，它代表企业的整体效益高出个别价值部分。割差法（又称余值法）是以总计价账户观为理论基础的商誉价值评估方法，也是间接计量法。割差法首先确定企业整体的公允价值，然后确定企业可辨认净资产的公允价值，再以前者减去后者的差额作为商誉计量的金额。即：

$$GW = FV - NAFV \tag{2-4}$$

其中：GW 代表商誉的估值；

FV 代表企业整体的公允价值；

$NAFV$ 代表企业可辨认净资产公允价值；

此外，根据不同的准则，除了两个公允价值之差，还有以合并成本作为企业与被并企业公允价值之差作为合并商誉的计量金额的方法：

$$GW = PC - NAFV \tag{2-5}$$

其中：PC 代表企业并购的合并成本；其他同上。

对于割差法还有一种变形公式：

$$GW = \frac{D - r \times TA}{i} \tag{2-6}$$

其中：$D=$ 预期未来年收益；

$r=$ 行业基准收益率；

$TA=$ 企业有形资产价值之和；

$i=$ 本金化率；

该公式是将企业收益本金化得出的整体资产价值减去有形资产对收益的贡献，因而从本质上看，仍属于割差法。若收益期为有限期，公式可变为：

$$GW = \sum_{t=1}^{n} \frac{D_t - r \times TA}{(1+i)^t} \tag{2-7}$$

其中：$D_t=$ 第 t 年预期未来年收益；

$n=$ 商誉获利年限；

$i=$ 折现率；其他同上。

根据本文第一章的制度背景介绍可知，目前世界各国准则中均只对外购商誉，即合并商誉进行确认，且合并商誉的初始计量大多都采用间接计量法。根据我国《企业会计准则第 20 号——企业合并》，非同一控制下，企业合并成本大于被并企业净资产公允价值的部分确认为商誉，即上述公式：$GW = PC - NAFV$，其中 PC 以购买方支付的并购对价计量，$NAFV$ 通常根据《企业会计准则第 39 号—公允价值计量》评估得到。

根据上述理论分析以及前文的文献综述与制度背景介绍可知，我国现行会计准则下对于合并商誉的计量存在以下问题：

1. 可以明辨但未确认资产和负债的存在都有可能使得被购买方的净资产公允价值或者账面价值存在被低估或者被高估的情形，从而影响合并商誉估值的准确性。由于无法满足资产或负债确认的严格标准而未完整量化的被购买企业表外可辨认资产或负债，如：上市公司存在的可以明辨但却未入账的无形资产等都可能会直接计入合并商誉的初始计量金额，引起合并商誉价值被高估。

2. 未合理量化的被购买企业的资产的公允价值（比如在无法取得活跃市场上公开报价的公允价值情况下以账面价值或者其他不可核实的估值来替代公允价值的部分）。因此，公允价值可靠与否是合并商誉会计信息质量的关键。在前述的文献综述中已介绍，不少学者对于公允价值对商誉会计信息质量影响的担忧：如果公允价值不是第一层级的报价，那么其不可核实性可能会降低合并商誉会计信息的透明程度。

3. 并购前被购买方未确认的自创商誉也会引起合并商誉估值的误差。被购买企业公允价值中包含的既有商誉，主要分为被购买方已确认的合并商誉和未确认的自创商誉。但由于商誉本身与企业不可分割，购买方取得被购买方的控制权，因此这部分商誉也会随企业一起为购买方所控制，成为购买方的资源，可能在并购后与主并方的资产共同产生协同效应。这种由并购前未确认的自创商誉形成的内部净空（Headroom）为合并商誉的减值提供了掩护，使得合并商誉的减值可能会推迟到内部净空被消耗殆尽之后才得到确认。

4. 合并商誉受到并购谈判过程中的主观因素的影响。割差法中合并成本的价格，是经过并购双方谈判确定的，因此并购双方企业的市场地位，竞争能力，议价能力，谈判技巧等因素都会对买价造成影响。如果在不平等竞争情况下谈判，收购价格会偏离企业的内在价值，商誉的计量中也必然包含不符合商誉本质的因素。

5. 股权支付方式以及股价波动等因素对并购价格的影响。并购过程从开始之初便会对市场产生一个利好消息，由于投资者过度反应，容易在短期之内推高公司股价，可能导致合并商誉被高估。我国 A 股市场近年来的并购潮与牛市结合产生了相当多的高溢价合并商誉。上市公司在牛市中更倾向于采用并购作为扩张方式，由于股权支付方式的运用，同时股票价格的上涨，使得并购方更容易接受高溢价并购，或者主动利用高溢价股票盲目并购。因此，以股票价格作为依据所计算的并购价格相较于现金交易的价格更容易虚高，牛市中股票价格中蕴含的泡沫借此转移到合并商誉的计量中作为资产予以确认，但是却无与之相匹配的超额收益能力作为支撑，为后续的商誉减值埋下隐患。

6. 并购中的合同权益价值也被计入合并商誉的价值。在并购过程中并购双方可能签订除并购合同以外的其他合同，而这些合同所具有的权益价值是并购过程中形成的重要的无形资产。主要包含两类合同：一，业绩补偿承诺；二竞业禁止协议。但是这两类合同均可以辨认，业绩补偿承诺属于实物期权，竞业禁止协议也属于可辨认无形资产，可见，二者均不符合商誉的定义中关于"无法辨认"这一条件。而现行准则中对于合并商誉的计量仅强调购买价格与被并购方可辨认净资产公允价值的差额，却忽略了在并购中形成的可辨认资产的公允价值，因此将上述合同权益价值也纳入合并商誉的计量范围，会引起商誉价值的高估。

7. 价格误差。在并购交易中购买方可能由于谈判能力、"管理层过度自负""非理性竞争"或者出于代理问题（如本文前述分析中的利益输送等动机）而主动或者被动地接受偏离市场价值的错误的价格。

综上所述，割差法下的商誉计量包含诸多与商誉本质所不符的因素，根据我国现行会计准则下所确认计量的合并商誉金额并不等同于合并商誉真正的内在价值，因此会计上确认的商誉价值与商誉的经济内涵存在一定的偏差，可能会对企业和资本市场产生负面的经济后果。

第四节　理论框架

根据本章的理论分析可知，首先，信息不对称和代理问题为企业利用合并商誉进行盈余管理提供了动机，会计准则弹性的增加则为企业利用合并商誉进行盈余管理提供了操作的可能性。因此本文认为合并商誉是企业盈余管理的重要手段之一，本文将会对合并商誉与企业盈余管理水平的关系进行研究

其次，现行准则下，合并商誉的计量结果与合并商誉的经济实质具有一定的偏差，根据割差法下合并商誉的计量金额并不等同于合并商誉的内在价值，包含诸多与合并商誉超额收益本质无关的因素，因此本文对于此种计量方式下产生的并购商誉对企业绩效的积极作用持怀疑态度。如果合并商誉并无相应地超额收益能力作为支撑，仅仅只是并购的"价差容器"，那么其对于企业的绩效应不具有本质上的改善作用。此外由于公允价值的运用不得当情形可能导致合并商誉的估值不准确，因此会降低合并商誉的会计信息质量。

商誉会计中的盈余管理行为与计量方法的不合理降低了商誉会计信息质量，增加了信息不对称程度，从而有可能引起融资约束和投资不足问题，进而可能对企业的绩效产生负面的影响。

综上所述，本文将着重研究现行准则下合并商誉对企业超额收益、绩效、盈余管理以及融资约束四者的影响，再以盈余管理与融资约束作为中介变量，研究合并商誉会计中的盈余管理行为和合并商誉会计信息质量的下降可能引起的融资约束对企业绩效的影响，即为本文的理论框架。

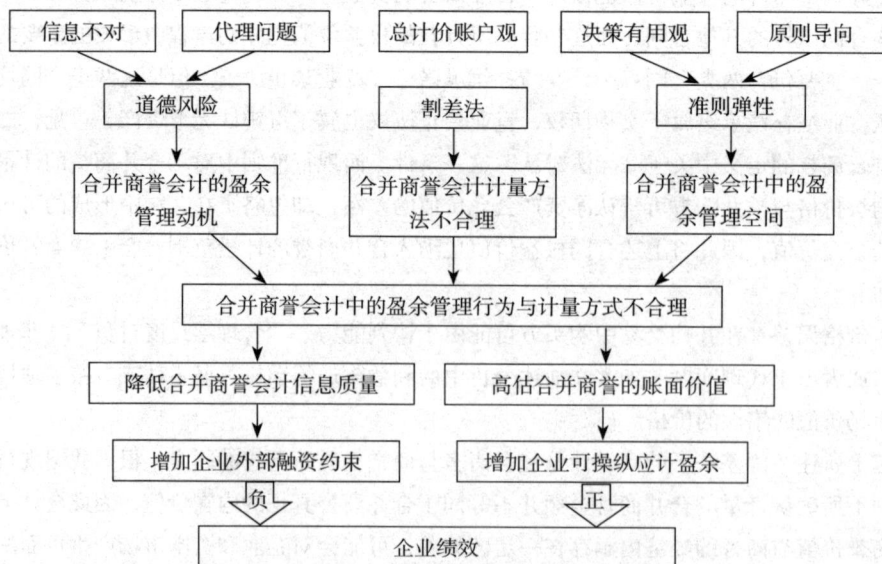

图 2-1　理论框架图

第三章　我国A股市场合并商誉现状分析

前已述及，我国上市公司由于其并购热情不减，其商誉价值也呈几何级数式增长。但到底十年来商誉的总体状况如何？减值情况如何？各板块之间的分布又如何？以及上市公司的商誉及其减值是否有何规律可循？等等问题需要通过数据的归纳整理后才能给予肯定回答。本文的数据来源部分为手工收集自上市公司年报的商誉附注，其余均来自wind数据库。为了完整的描述性统计分析，我们并未剔除ST以及金融行业的样本，2007—2016年A股上市公司总体披露商誉余额的样本观测值有10661个，发生商誉减值的观察值有1071个①，占总观测值的10.05%。

第一节　A股上市公司商誉十年的总体概况

本文将2007—2016年我国A股上市公司商誉的年末余额、商誉的增加幅度、减值数额、商誉余额占总资产的比重等数据进行统计。其具体数据及其增长态势如表3-1和图3-1所示：

表3-1　A股上市公司商誉十年总体概况　　　　　　　　　单位：亿元

年份	商誉余额	商誉余额增幅	商誉减值	商誉减值增幅	披露商誉减值公司数量	披露商誉余额公司数量（样本数）	计提商誉减值公司占样本比例	商誉减值占减值前商誉余额的比例	期末商誉余额占总资产的比例
2007年	386.62	N/A	4.78		37	564	6.56%	29.65%	1.06%
2008年	797.81	106.36%	20.72	333.47%	57	645	8.84%	26.71%	1.20%
2009年	855.55	7.24%	6.29	-69.64%	42	681	6.17%	22.51%	1.15%
2010年	988.98	15.60%	11.58	84.10%	45	764	5.89%	27.57%	1.12%
2011年	1415.32	43.11%	9.40	-18.83%	57	933	6.11%	13.56%	1.34%
2012年	1688.79	19.32%	8.38	-10.85%	75	1156	6.49%	29.68%	1.51%

① 因《企业会计准则》（2006）自2007年1月1日起实施，商誉从无形资产准则中分离出来，单独在《企业会计准则第20号——企业合并》中规范。为了数据口径前后的统一，以及分析的便利，本文的数据起止时间为2007—2016年，特此说明。

续 表

年份	商誉余额	商誉余额增幅	商誉减值	商誉减值增幅	披露商誉减值公司数量	披露商誉余额公司数量（样本数）	计提誉减值公司占样本比例	商誉减值占减值前商誉余额的比例	期末商誉余额占总资产的比例
2013 年	2137.70	26.58%	15.40	83.77%	114	1233	9.25%	25.32%	2.01%
2014 年	3288.26	53.82%	24.66	60.13%	133	1357	9.80%	22.31%	3.67%
2015 年	6493.71	97.48%	68.44	177.53%	202	1580	12.78%	20.71%	6.34%
2016 年	10496.51	61.64%	98.89	44.49%	309	1748	17.68%	16.14%	7.45%

注：表 3-1 中，商誉减值占减值前商誉余额比例为当期商誉减值损失 / 当期商誉余额加上当期商誉减值损失，期末商誉余额占总资产比例为当期商誉余额 / 当期年末总资产。

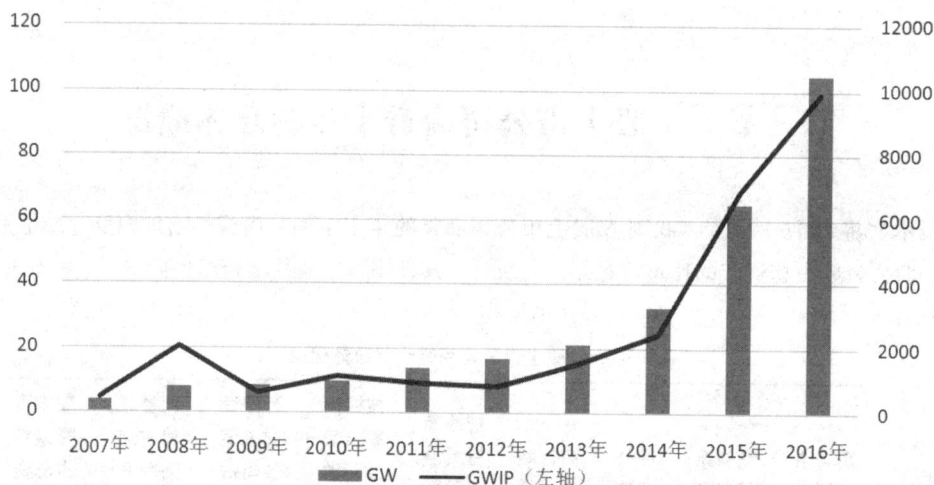

图 3-1　A 股上市公司总体商誉趋势图

注：GW 代表商誉余额，GWIP 代表商誉减值，单位：亿元。

　　从表 3-1 可知，我国 2007 年 A 股上市公司总体商誉余额为 386.62 亿，总体商誉减值额为 4.78 亿，披露商誉减值的公司数量为 37 家，披露商誉余额的公司数量为 564 家，到 2016 年总体商誉余额增至 10496.51 亿，突破万亿，总体商誉减值达到 98.89 亿。披露商誉减值的公司数量也增加到 309 家，披露商誉余额的公司数量增至 1748 家，即过半数的 A 股上市公司拥有商誉余额，其中又有 17.68% 的公司计提了商誉减值。总体上看，商誉余额增幅最大的年份是 2008 年，受到 2006 年版企业会计准则实施的影响，上市公司将商誉作为一项单独的资产披露，于 2007 年相比增长 106.36%，其次是 2015 年，同 2014 年比增长 97.48%。同时结合图 3-1 我们可以看出，我国 A 股上市公司商誉余额 2007—2013 年基本上呈逐步增长态势，然而自 2013 年起，呈现跨越式增长，2014—2016 年我国 A 股上市公司披露的年末商誉余额年度增幅相较上一年同期均超过 50%，2015 年达 97.48%，较上一年增长了近一倍。我们认为 2013—2016 年这段时间上市公司商誉余额的巨大增幅主要是受并购交易驱动的，自 2013 年以来，中国资本市场的并购交易爆发式增长。2014 年上市公司发生并购重组交易 2920 单，交易金额 1.45 万亿元，交易金额同比增长 63%；2015 年上市公司发生并购重组交易 2669 单，交易金额约 2.2 万亿元，交易金额同比增长 52%，交易金额创历史新高。而截至 2014 年和 2015 年年末，我国上市公司数量分别为 2584 家和 2807 家，相当于每家上市公司平均完成 1.13 次和 0.95 次并购重组，[①] 俨然进入全民并购新时代。可见，A 股巨额商誉来自合并价差，高估值、高溢价收购的"三高"现象而导致高商誉。

同样从表 3-1 和图 3-1 可知，首先是 2008 年商誉减值增幅较大，较上年同期增长 333.47%，我们认为原因主要有两个方面：一是 2006 年准则的实施，对比原有基础上会有一定减值的增幅；二是受到 2008 年全球金融危机的影响，业绩下滑，对经济环境不利变化的正常反应，计提减值较大的前三家公司分别为：华泰证券（601688）、招商银行（600036）、海南航空（600221），[②] 均为受金融危机影响较大的行业。

其次是 2015 年，较上年同期增长 177.53%，其中，减值计提金额最大的前三家公司为宇顺电子（002289）6.16 亿，雷柏科技（002577），5.15 亿，沃森生物（300142），4.81 亿。另外，2015 年商誉减值较 2008 年的主要行业有所变化，从金融业为主转为信息行业为主，减值计提金额也相对较大。可以初步判定为 A 股上市公司利用并购实现跨越增长，产生巨额商誉的"后遗症"。

总体上讲，自 2006 年版企业会计准则颁布实施后，A 股上市公司商誉余额十年间从不到四百亿增至突破万亿，一直保持较快增速，足以引起高度重视。简言之，商誉数额的增长比我国任何一个经济指标（比如，GDP、税收收入、M1、M2[③] 营业收入、资产总额、净利润等等）的增幅都要大得多。自 2013 年起，我国 A 股上市公司并购交易、商誉余额、商誉减值出现跨越式的协同增长。作为外延式增长模式的并购重组被视为促进行业整合和创造协同竞争力的重要手段。因此在近几年的牛市中，出现了一轮并购热潮，上市公司和被收购对象的估值差异，给上市公司带来大额商誉。然而并购越多，商誉越大，商誉减值的风险也越加显现。

第二节　A 股上市公司商誉十年分年度分析

在表 3-1 的基础上，本文进一步根据不同年份统计商誉的最大值、最小值和中位数等指标，进一步了解商誉及其减值的状况。如表 3-2 所示：

① 郑博、孙宝沙. 并购潮背景下上市公司合并商誉计量问题研究 [J]. 会计师，2016，No.242（11）：8-9.
② 公司商誉减值金额排名由作者根据本文商誉减值数据统计得出，下同，括号内数字为该公司股票代码。
③ M1、M2 为狭义货币和广义货币的代称。狭义货币（M1）=（M0）流通中的现金＋支票存款（以及转账信用卡存款）；广义货币（M2）=M1＋储蓄存款（包括活期和定期储蓄存款）。

表 3-2　A股上市公司十年总体商誉描述性统计表　　　　　单位：亿元

	mean,	sd,	min,	p50,	max,	N
2007 年						
GW	0.685	6.782	0	0.0562	156.9	564
GWIP	0.129	0.394	0.00227	0.0315	2.39	37
GWIPrall	0.296	0.284	0.000496	0.221	0.865	37
GWras	0.0106	0.0265	0	0.00229	0.338	563
2008 年						
GW	1.237	8.581	0	0.0685	143.3	645
GWIP	0.364	1.42	1.11E-07	0.0311	9.188	57
GWIPrall	0.267	0.31	1.59E-06	0.148	1	57
GWras	0.012	0.0263	0	0.00277	0.274	645
2009 年						
GW	1.256	8.296	0	0.0828	141.6	681
GWIP	0.15	0.308	0.0013	0.0571	1.747	42
GWIPrall	0.225	0.211	0.0031	0.169	0.889	42
GWras	0.0115	0.0258	0	0.00256	0.232	680
2010 年						
GW	1.294	7.54	0	0.096	119.6	764
GWIP	0.257	0.518	0.00183	0.0576	2.38	45
GWIPrall	0.276	0.296	0.00373	0.168	1	45
GWras	0.0112	0.0252	0	0.00241	0.329	763
2011 年						
GW	1.517	8.436	0	0.113	132	933
GWIP	0.165	0.455	3.30E-05	0.02	2.917	57
GWIPrall	0.136	0.165	0.000127	0.0791	0.701	57
GWras	0.0134	0.0295	0	0.00301	0.341	933
2012 年						
GW	1.461	7.943	0	0.116	138.4	1156
GWIP	0.112	0.228	0.00148	0.0371	1.659	75
GWIPrall	0.297	0.3	0.000496	0.193	1	75
GWras	0.0151	0.0339	0	0.00316	0.499	1156
2013 年						
GW	1.734	8.202	0	0.155	121.8	1233
GWIP	0.135	0.245	0.00036	0.0504	1.445	114
GWIPrall	0.253	0.288	0.00084	0.142	1	114
GWras	0.0201	0.0447	0	0.00393	0.48	1233

续 表

2014 年					
	mean,	sd,	min,	p50,	max,	N
GW	2.423	8.578	0	0.28	120.4	1357
GWIP	0.185	0.397	7.45E-05	0.0707	2.502	133
GWIPrall	0.223	0.258	3.91E-05	0.106	1	133
GWras	0.0367	0.0774	0	0.00606	0.666	1357
2015 年					
	mean,	sd,	min,	p50,	max,	N
GW	4.11	14.82	0	0.659	455.9	1580
GWIP	0.339	0.808	0.000324	0.0911	6.163	202
GWIPrall	0.207	0.276	4.20E-05	0.087	1	202
GWras	0.0634	0.111	0	0.0114	0.842	1580
2016 年					
	mean,	sd,	min,	p50,	max,	N
GW	6.005	19.03	0	1.033	461	1748
GWIP	0.32	0.674	8.88E-06	0.0997	6.527	309
GWIPrall	0.161	0.226	1.37E-05	0.0699	1	309
GWras	0.0745	0.119	0	0.0152	0.812	1748

其中：GW 代表商誉余额，GWIP 代表商誉减值损失，GWIPrall 代表当期商誉减值损失 / 期末商誉余额加上当期商誉减值损失，GWras 代表期末商誉余额 / 年末总资产。

表 3-3　部分上市公司 2013—2016 商誉余额表　　　　　单位：亿元

证券代码	证券简称	GW [报告期] 2013 年报 [报表类型] 合并报表 [单位] 亿元	GW [报告期]2014 年报 [报表类型] 合并报表 [单位] 亿元	GW [报告期] 2015 年报 [报表类型] 合并报表 [单位] 亿元	GW [报告期] 2016 年报 [报表类型] 合并报表 [单位] 亿元
601857.SH	中国石油	72.25	72.33	455.89	460.97
000338.SZ	潍柴动力	14.31	83.47	77.86	230.38
600690.SH	青岛海尔	0.06	0.75	3.92	210.04
601318.SH	中国平安	117.91	120.37	124.60	206.39
002180.SZ	艾派克	0.00	0.00	0.38	188.10
600297.SH	广汇汽车	0.00	0.00	75.68	160.70
600751.SH	天海投资	0.00	0.00	0.00	152.19
000938.SZ	紫光股份	0.01	0.01	0.01	139.93
600754.SH	锦江股份	0.92	0.96	42.16	109.15
600030.SH	中信证券	100.47	100.75	102.65	104.06
600011.SH	华能国际	121.81	111.48	99.30	103.89

　　从表 3-2、3-3 可知，2007 年我国 A 股上市公司有 564 家公司拥有商誉，均值 0.685 亿，最大值为 156.9 亿，其中只有 37 家公司计提了商誉减值，均值为 0.129 亿，最大值为 2.39 亿。商誉减值占减值前商誉余额（期末商誉余额加上当期减值发生额）的均值为 29.6%，

最大可占到 86.5%，而商誉余额占总资产比例均值为 1.06%，最大值为 33.8%。

2016 年，我国 A 股上市公司有 1748 家公司拥有商誉，均值 6.005 亿，最大值为 461 亿元（如中国石油，601857），其中有 309 家公司计提了商誉减值，均值为 0.32 亿，最大值为 6.53 亿为 *ST 三泰（002312）。商誉减值占减值前商誉余额（当期商誉余额加上当期减值发生额）的均值为 16.1%，最大可占到 100%（即全额计提减值），而商誉余额占净资产的比例均值为 7.45%，最大值为 81.2%。

从上述数据的变化可以看出，我国 A 股上市公司商誉余额均值、商誉减值均值、商誉减值计提比例以及商誉占净资产的比例近十年都呈现快速增长，尤其自 2013 年以来，从政府到市场，都加快了并购重组步伐，导致合并商誉也随之呈现井喷式增长。截至 2016 年，商誉余额占总资产比重最大的达到 81.2%。如金利科技（002464），2015 年该公司通过收购 MMOGA100% 股权，进行了主营业务转换，由传统制造业转型为游戏电子商务平台企业。该公司 2015 年末商誉 / 总资产、商誉 / 净资产两项指标创造了 A 股上市公司之最，分别为 84.16% 和 196.53%。

2013 年年底上市公司具有商誉的公司商誉占总资产比例均值为 2.01%，2015 年，均值达到 6.34%，增长了 3 倍，2016 达到了 7.45%，由此可以看出，商誉的余额不仅仅是出现总量上的增长，同时它在公司整个资产中的比重也越来越大，尤其到了 2016 年出现了多家商誉规模超过该公司当期净资产的例子，如：首旅酒店（600258）、均胜电子（600699）、凯瑞德（002072）、长城影视（002071）、蓝色光标（300058）等。其主要原因与前面的分析一致，主要是受到并购重组的影响，2015 年中国制造业领域展开了大规模的转型，并购重组交易额达到 8551 亿，占比由 2014 年的 50.62% 上升到 55% 以上。与此同时，批发的零售业交易占比上升 7 个百分点到 10.14%，行业排名位居第二①。

同时由于股权支付并购方式的兴起，使得上市公司对于并购的高溢价全然无感，争相进入并购大军。剔除未公布预案及取消、中止等并购数据（2015 年达 514 项），从并购重组的方式来看，518 件案例（占全年交易总量之比 35.9%）采用了发行股份购买资产的方式进行并购重组，涉及交易金额 9244.93 亿元，占全部并购重组事项涉及金额的 58.6%，平均每件标的交易均价 19.34 亿。而利用发行股份、增资、资产转换的混合方式进行重组的案例为 34 单，协议转让 229 单，协议转让、发行股份购买加增资 73 单，其他方式全部交易金额只占 4 成左右。②

因此，近年来上市公司并购重组的频繁以及股权等并购支付方式的普及是导致商誉余额总额以及其占总资产比重不断攀升的主要原因。而巨额的账面商誉，以及并购后业务整合不理想是导致商誉减值比例同样攀升的主要原因。尤其是 2013—2015 年，发生减值的公司中计提减值率均值分别为：25.3%、22.3%、20.7%，均超过 20% 的计提比例。查阅这三年计提减值比例前十的公司年报中对于商誉减值附注后，发现将减值的主要原因是并购后无法实现业绩承诺而计提巨额减值，如 2015 年蓝色光标旗下子公司西藏山南东方博杰

① 证券时报：A 股万亿商誉成达摩克斯之剑商誉减值后巨亏有操纵利润嫌疑，2017-02-21.http：//www.cs.com.cn/xwzx/zq/201702/t20170221_5183479.html

② 搜狐财经：井喷 2015 年：中国上市公司并购重组报告，2016-01-07.http：//www.sohu.com/a/52892011_364102

广告有限公司、北京今久广告传播有限责任公司、We Are Very Social Limited 由于业绩未达到预期，本期商誉发生减值，减值金额分别为 1.1 亿元、0.53 亿元、0.44 亿元。目前，业绩承诺和业绩补偿仍是并购重组交易中的典型安排。一方面，如果被并购标的未来无法兑现业绩承诺，则相关上市公司的业绩将遭受并表利润下降和商誉减值增加的双重打击，尤其是商誉减值会直接侵蚀上市公司的利润，应重点关注并购对赌协议。在商誉会计准则没有发生改变的情况下，强化对商誉及其减值的监管应是政府目前对上市公司监控的重点。

第三节　A股上市公司商誉十年分行业分析

一般而言，商誉源于并购，我们在进行一般描述性统计的基础上，再按照行业做进一步的分析。其行业的分类根据中国证监会的行业分类指引（2012）。由于商誉余额是累计额，以十年的数据加总会出现重复计算的问题，因此商誉余额的行业分布本文仅以 2007 年、2016 年的截面数据进行分析。有关统计结果如表 3-4、图 3-2、图 3-3 所示：

表 3-4　A 股上市公司商誉 2007 年、2016 年行业分布统计表　　　单位：亿元

行业分类	商誉余额（2007 年末）	商誉余额（2016 年末）	商誉余额增幅（2007 年—2016 年）	存在商誉余额公司数 2016 年	商誉余额除以总资产（2016 年）
农、林、牧、渔业	1.1583635	50.350597	4246.70%	24	4.94%
采矿业	163.6754	685.08602	318.56%	36	3.41%
制造业	93.06825	4983.9968	5255.21%	1063	7.26%
电力、热力、燃气及水生产和供应业	8.157137	246.78019	2925.33%	52	1.87%
建筑业	24.75228	238.80801	864.79%	55	2.83%
批发和零售业	14.15001	503.85593	3460.82%	89	4.05%
交通运输、仓储和邮政业	10.00781	318.7759	3085.27%	42	4.52%
住宿和餐饮业	0.811405	158.12086	19387.30%	5	16.32%
信息传输、软件和信息技术服务业	10.63924	1146.8228	10679.18%	150	16.51%
金融业	37.8815	999.43694	2538.32%	46	1.21%
房地产业	12.54966	191.59904	1426.73%	59	1.55%
租赁和商务服务业	1.1358	306.07842	26848.27%	31	11.88%
科学研究和技术服务业	N/A	63.14229	#DIV/0!	18	11.28%
水利、环境和公共设施管理业	1.005089	43.061819	4184.38%	21	3.74%
教育	0.001042	15.267733	1465133.21%	1	44.37%

续　表

行业分类	商誉余额（2007年末）	商誉余额（2016年末）	商誉余额增幅（2007年—2016年）	存在商誉余额公司数 2016年	商誉余额除以总资产（2016年）
卫生和社会工作	0.432871	50.170352	11490.14%	6	16.91%
文化、体育和娱乐业	6.385884	475.06075	7339.23%	38	18.86%
综合	0.805104	20.091539	2395.52%	12	2.59%

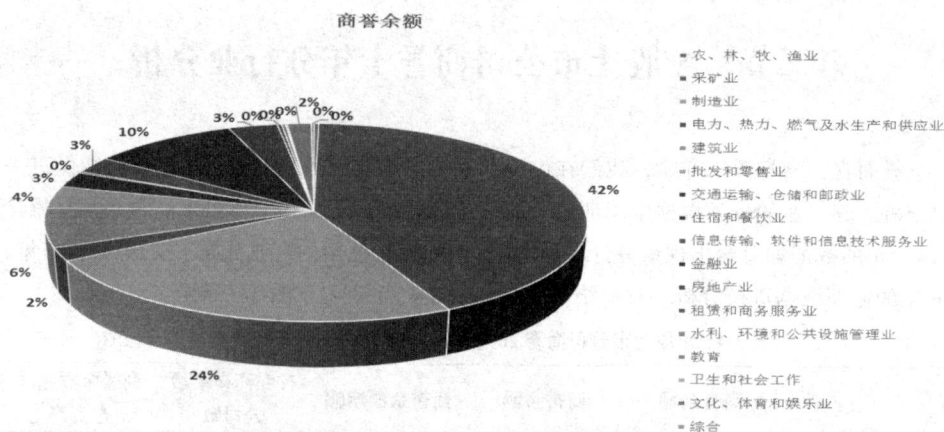

图 3-2　A 股上市公司 2007 年商誉余额行业分布图

图 3-3　A 股上市公司 2016 年商誉余额行业分布比例图

由表 3-4、图 3-2 和图 3-3 可知，2007 年年末，我国 A 股上市公司商誉余额行业总和占比最大的是采矿业 ①，占全行业比重 42%，商誉余额总额 163.68 亿，其次是制造业，占全行业比重 24%，商誉余额总额达 93.07 亿，第三是金融业，占全行业比重 10%，商誉余额总额 37.88 亿。但是，截至 2016 年年末，商誉的行业分布发生了一些变化，商誉余额占比最大的是制造业，占全行业 47%，商誉余额总额达 4984.00 亿元。其次是信息传输、软件和信息技术服务业，占全行业 11%，商誉余额总额达 1146.82 亿，再次是金融业，占全行业 10%，商誉余额总额达 999.44 亿。

另外，A 股上市公司的商誉十年间增幅较大的为教育业、租赁和商务服务业、住宿和餐饮业、卫生和会工作、信息传输、软件和信息技术服务业，均超过了 100 倍的增幅。更值得注意的是，截至 2016 年，虽然制造业商誉余额的行业总和占全行业比重最大，但是制造业商誉余额占该行业总资产比重仅为 7.3%，并不是全行业最高，截至 2016 年，上市公司商誉余额占总资产比重较高的行业有教育行业 44.37%，文化、体育和娱乐业 18.86%，卫生和社会工作 16.91%，信息传输、软件和信息技术服务业 16.51%。以上行业的商誉余额总量虽然不及制造业高，但是在公司总体资产中的比重皆远高于制造业。可以看出，商誉占总资产比重较大的主要集中在第三产业，为了进一步了解商誉分布的行业特征，作者查阅了 2013-2015 年间商誉余额占总资产比重排名前十的公司。如表 3-5 所示：

表 3-5　A 股上市公司 2013—2016 年商誉余额占总资产比重前五公司统计表

	2013		
股票代码	公司名称	ind	商誉余额占总资产比例
002467	二六三	互联网和相关服务	47.98%
600633	浙数文化	新闻和出版业	42.75%
002198	嘉应制药	医药制造业	39.27%
300315	掌趣科技	互联网和相关服务	38.45%
300058	蓝色光标	商务服务业	37.75%
	2014		
股票代码	公司名称	ind	商誉余额占总资产比例
000681	视觉中国	文化艺术业	66.61%
300315	掌趣科技	互联网和相关服务	59.53%
002252	上海莱士	医药制造业	57.79%
002195	二三四五	软件和信息技术服务业	55.97%
300148	天舟文化	新闻和出版业	55.39%
	2015		
股票代码	公司名称	ind	商誉余额占总资产比例
002464	金利科技	互联网和相关服务	84.16%
000971	高升控股	软件和信息技术服务业	75.18%
300315	掌趣科技	互联网和相关服务	71.08%
002188	巴士在线	商务服务业	68.90%
002619	巨龙管业	非金属矿物制品业	61.61%

---

① 本文在分析我国上市公司无形资产时也发现，采矿业的无形资产数额巨大。这其中的原因值得我们再深入探讨。此处不赘述。

2016

股票代码	公司名称	ind	商誉余额占总资产比例
002464	金利科技	互联网和相关服务	81.18%
002759	天际股份	电气机械及器材制造业	65.98%
002188	巴士在线	商务服务业	65.33%
000971	高升控股	软件和信息技术服务业	63.09%
002354	天神娱乐	互联网和相关服务	61.61%

从表 3-5 可以进一步验证上述对商誉行业分布特征的分析，如前所述，自 2013 年起，商誉占总资产的比重连年攀升，结合行业特征，发现商誉余额占总资产比重较大的集中在信息传输、软件和信息技术服务业和文化、体育和娱乐业。尤其自 2015 年起，商誉余额占总资产比重排名前五的公司比值均超过 50%，即该公司资产账面价值一半以上来自于商誉。

从数据还可以看出，几年来商誉余额占比较高的行业总体特征都属于有形资产比重较小，主要业务收入来自于无形资产、人力资源、智力资本、知识产权等，而这些资产在并购时候的估值相较于有形资产会更为主观，缺乏可靠的客观标准和依据，因此容易为公司操纵，产生过高估值现象，从而导致这些行业的商誉占总资产比重过大。对此我们应该针对上述行业建立更为系统、客观、严谨的估值标准体系，以规范上市公司并购估值中的乱象。

在了解十年我国上市公司商誉总统增减态势的基础上，本文进而分析了上市公司商誉减值的总体状况。具体减值数据及其变化情况如表 3-6、图 3-4、图 3-5 和图 3-6 所示：

表 3-6　A 股上市公司商誉减值行业分布统计表

单位：亿元

行业分类	商誉减值（2007 年末）	商誉减值（2016 年末）	商誉减值（2007 年—2016 年）	发生商誉减值公司数 2016 年	存在商誉余额公司数 2016 年	发生商誉减值公司数（2007 年-2016 年）
农、林、牧、渔业	0	1.2404777	1.71902	1	24	13
采矿业	0.02693	2.5420194	4.364086	5	36	18
制造业	1.105925	61.75375	139.6219	186	1063	620
电力、热力、燃气及水生产和供应业	0.258761	2.0453704	7.16448	10	52	31
建筑业	0	4.1315663	8.675987	7	55	25
批发和零售业	0.26776	3.4183815	9.809945	18	89	71
交通运输、仓储和邮政业	0	1.1795402	4.709168	3	42	19
住宿和餐饮业	0.126573	0.10123625	3.126902	2	5	7
信息传输、软件和信息技术服务业	0.002273	10.898502	24.55758	32	150	90

续　表

行业分类	商誉减值（2007年末）	商誉减值（2016年末）	商誉减值（2007年—2016年）	发生商誉减值公司数 2016年	存在商誉余额公司数 2016年	发生商誉减值公司数（2007年-2016年）
金融业	0.228676	0.06	17.89959	1	46	14
房地产业	0.295386	2.5364952	12.6161	11	59	57
租赁和商务服务业	0	1.9241346	5.907095	9	31	23
科学研究和技术服务业		0.80988632	0.922153	2	18	7
水利、环境和公共设施管理业	0	1.1998271	10.88355	5	21	15
教育	0	0	0	0	1	0
卫生和社会工作	0	0.12391959	0.306654	2	6	8
文化、体育和娱乐业	2.41914	2.9756932	10.24217	10	38	34
综合	0.043854	1.9487596	6.012341	5	12	19

注：商誉减值为发生额，所以本文分别用2007年、201616年的截面数据以及十年的数据分析。

商誉减值

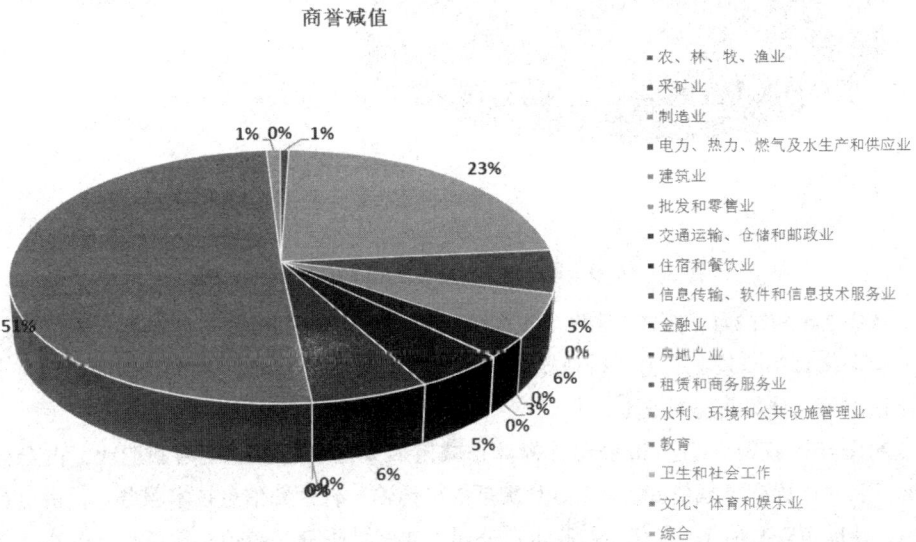

图 3-4　A股上市公司 2007 年商誉减值行业分布图

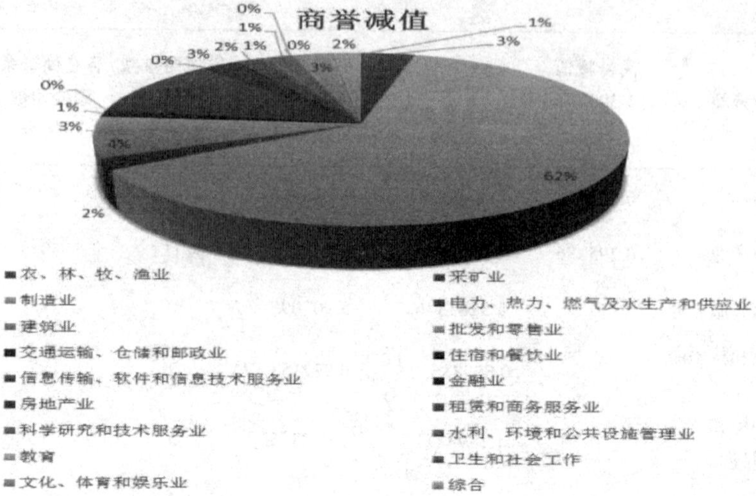
商誉减值
0%
1%
2%
1%
0%
2%
3%
1%
3%
0%
3%
0%
1%
3%
4%
62%
2%
农、林、牧、渔业
采矿业
制造业
电力、热力、燃气及水生产和供应业
建筑业
批发和零售业
交通运输、仓储和邮政业
住宿和餐饮业
信息传输、软件和信息技术服务业
金融业
房地产业
租赁和商务服务业
科学研究和技术服务业
水利、环境和公共设施管理业
教育
卫生和社会工作
文化、体育和娱乐业
综合

图 3-5　A 股上市公司 2016 年商誉减值行业分布比例

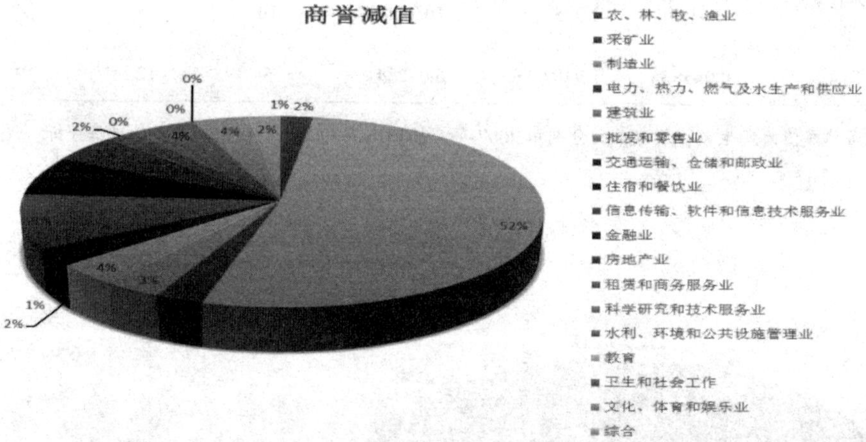
商誉减值
0%
0%
2%
0%
4%
4%
2%
1%
2%
52%
4%
3%
1%
2%
农、林、牧、渔业
采矿业
制造业
电力、热力、燃气及水生产和供应业
建筑业
批发和零售业
交通运输、仓储和邮政业
住宿和餐饮业
信息传输、软件和信息技术服务业
金融业
房地产业
租赁和商务服务业
科学研究和技术服务业
水利、环境和公共设施管理业
教育
卫生和社会工作
文化、体育和娱乐业
综合

图 3-6　A 股上市公司十年商誉减总额值行业分布比例

从表 3-6、图 3-4、图 3-5 和图 3-6 可知，2007 年 A 股上市公司计提商誉减值的行业是文化、体育和娱乐业，占全行业比重 51%，计提减值 2.42 亿，其次是制造业，占全行业比重 23%，计提商誉减值 1.11 亿。

2016 年，我国 A 股上市公司计提商誉减值最大比例的行业变为制造业，占全行业 62%，总共计提商誉减值 61.75 亿。其次是信息传输、软件和信息技术服务业，占全行业 11%，计提商誉减值 10.90 亿。A 股上市公司十年间计提商誉减值总额的行业分布比例，最大的仍然是制造业，总共计提了 139.62 亿的商誉减值，占全国行业比重 52%，其次是信息传输、软件和信息技术服务业，总共计提了 24.56 亿商誉减值，占全行业比重 9%，再次是金融业，总共计提了 17.90 亿商誉减值，占全行业比重 7%。

通过上述分析我们可以看出，无论是商誉余额还是商誉减值，制造业占全行业目前的比重都是最大的，但是十年间增幅最大的是信息传输、软件和信息技术服务业，商誉余额以及商誉减值额都跃居第二，且该行业商誉余额占资产比重较高，由于行业特征的影响，轻资产比重较高，风险管控应重点关注信息传输、软件和信息技术服务业。

第四节　A股上市公司商誉十年分板块分析

众所周知，我国股票市场不仅有沪市，还有深市，不仅有主板，还有创业板、中小板等不同的板块①。具体情形如何，不同板块间商誉的年末余额、商誉减值等信息如表3-7、图3-7至3-10所示：

表 3-7　A股上市公司商誉板块统计分析表　　　　　　　单位：亿元

板块名称	商誉余额		商誉余额增幅	商誉减值		商誉减值增幅	商誉余额除以总资产		商誉余额除以总资产增幅
板块	2007年	2016年		2007年	2007-2016		2007年	2016年	
上交所主板	326.02	4251.76	1204.14%	1.37	97.41	2287.50%	1.03%	3.68%	257.18%
深交所主板	48.30	1724.33	3470.39%	3.29	40.54	1046.67%	1.13%	6.02%	434.45%
中小板	10.85	2623.70	24085.39%	0.08	85.38	6180.00%	0.99%	8.46%	758.59%
创业板	1.45	1896.72	130401.66%	0.03	45.21	20200.00%	1.30%	12.79%	886.80%

---

① 本文不包括新三板。"新三板"市场原指中关村科技园区非上市股份有限公司进入代办股份系统进行转让试挂牌企业均为高科技企业而不同于原转让系统内的退市企业及原 STAQ、NET 系统挂牌公司，故形象地称为"新三板"。目前，新三板不再局限于中关村科技园区非上市股份有限公司，也不局限于天津滨海、武汉东湖以及上海张江等试点地的非上市股份有限公司，而是全国性的非上市股份有限公司股权交易平台，主要针对的是中小微型企业。

商誉余额公司板块分布

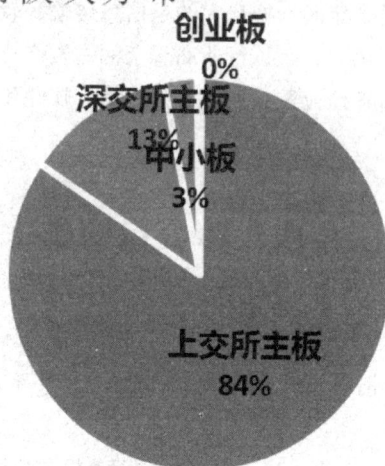

创业板 0%
深交所主板 13%
中小板 3%
上交所主板 84%

图 3-7 A 股上市公司商誉余额 2007 年板块分布图

商誉余额公司板块分布

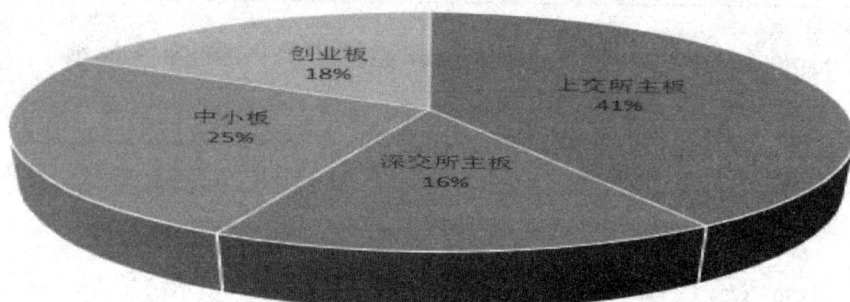

创业板 18%
中小板 25%
深交所主板 16%
上交所主板 41%

图 3-8 A 股上市公司商誉余额 2016 年板块分布图

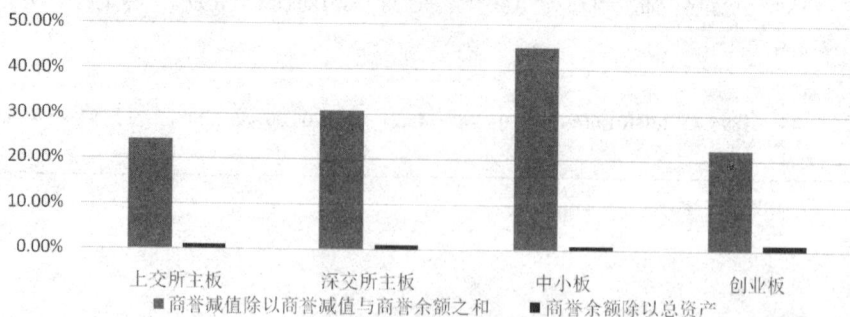

■ 商誉减值除以商誉减值与商誉余额之和　　■ 商誉余额除以总资产

单位：百分比

图 3-9 A 股上市公司 2007 年商誉减值占减值前商誉比重以及商誉余额占总资产比重

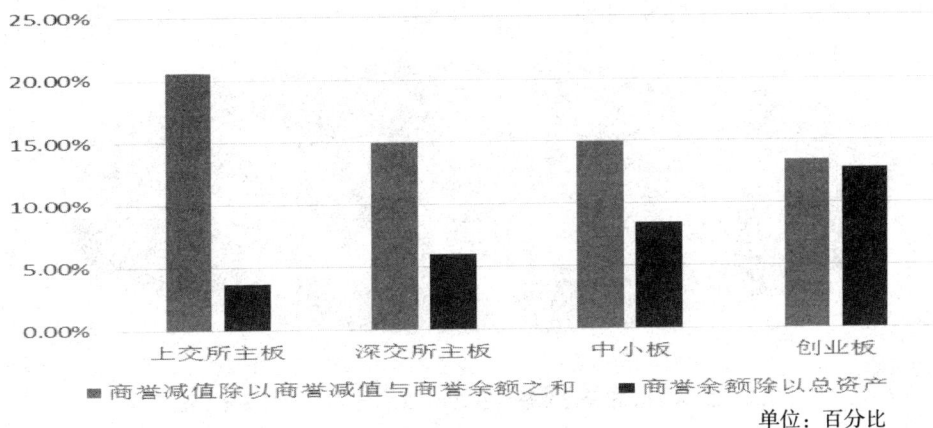

单位：百分比

图 3-10　A股上市公司 2016 年商誉减值占减值前商誉比重以及商誉余额占总资产比重

从表 3-7 和图 3-7 至 3-10 可知，A股上市公司 2007 年商誉余额板块总和最大板块为上交所主板，占全部板块的 84%，商誉余额总和达 326.02 亿，深交所主板，占全部板块 13%，商誉余额总和达 48.30 亿，主板共计占比 97%。

2016 年，创业板和中小板都有较大增幅，板块分布相对均匀，其中上交所主板 4251.76 亿，占比 41%；中小板，2623.70 亿，占比 25%；创业板 1896.72 亿，占比 18%。深交所主板 1724.33 亿，占比 16%。商誉余额板块增幅最大的为创业板，同时，截至 2016 年，商誉余额占总资产比重最大的也是创业板，达 12.79%。如图 3-11 至 3-12 所示：

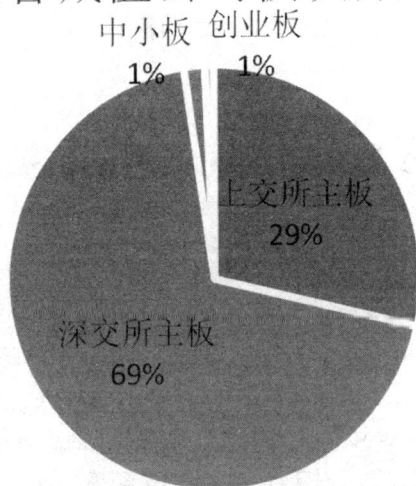

图 3-11　A股上市公司商誉减值 2007 板块分布图

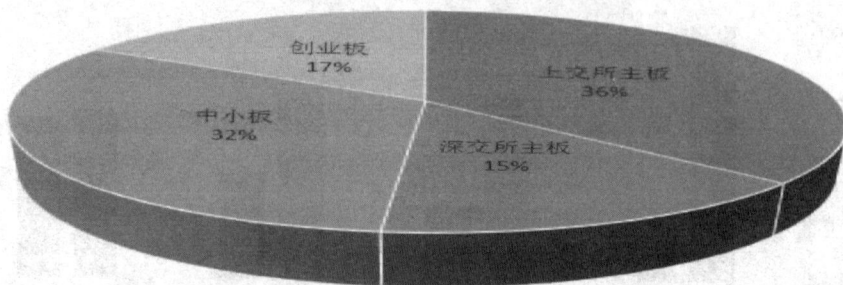

商誉减值公司板块分布

图 3-12 　A 股上市公司商誉减值 2007-2016 十年总额板块分布图

　　从表 3-7 和图 3-11 与 3-12 可知，我国 A 股上市公司 2007 年商誉减值最大比重板块为深交所主板，占比 69%，减值总额 3.29 亿，其次是上交所主板，占比 29%，减值总额 1.37 亿，主板共计占比 98%；而 2007—2016 年总共计提了商誉减值 268.54 亿，其中上交所主板计提了 97.41 亿，占所有板块的 36%，深交所主板计提了 40.54 亿，占所有板块的 15%，即主板计提的商誉减值占了全部板块的 51%，其次是中小板，总共计提了 85.38 亿的商誉减值，占比 32%，最后创业板计提了 45.21 亿的商誉减值，占比 17%。

　　总体上讲，A 股上市公司商誉余额和商誉减值的板块分布为：2007 年主板独大，此后，一直到 2016 年板块的分布相对均匀，但中小板和创业板增幅较大。同时我们发现，创业板无论是商誉余额，商誉减值，以及商誉占总资产的比重三项增幅都是所有板块最大的，尤其商誉余额占总资产比重，12.79%。由此可以推测，未来创业板会可能面临更大的商誉减值风险，应该提高应对创业板商誉泡沫风险的警惕。

第五节　　A 股上市公司商誉减值披露情况分析

　　经前述分析可知，2015 年是减值计提均值最高的一年，也是除去 2008 年之后减值增幅最大的年份，而且在手工收集年报数据的过程中我们发现减值的披露随着年份增加有日趋完善的趋势，即较早年份的减值披露信息并不及近年的完整，因此本文仅以 2015 年 A 股上市公司对于减值测试方法的披露数据和信息进行分析。

　　2015 年我国 A 股上市公司共有 202 家公司披露了商誉减值，其中仅 148 家公司于年报附注中披露了减值测试方法。对于商誉可收回金额确定方法进行较为详细披露的公司中有 39 家采用的是未来现金流量折现的方法计算，有 28 家是聘请专业的评估机构出具评估报告确定的。表 3-8 简要归纳了 2015 年计提减值金额排名前五的公司年报附注中对于减值的测试方法的披露情况。

表 3-8　A 股上市公司 2015 年商誉减值前五名年报附注——减值测试方法

公司名称及股票代码	商誉减值测试过程、参数及商誉减值损失的确认方法说明
宇顺电子 （002289.SZ）	商誉的可收回金额按照预计未来现金流量的现值计算，其预计现金流量根据公司批准的 5 年期现金流量预测为基础，现金流量预测使用的折现率 11.76%（2014 年：11.76%），预测期以后的现金流量根据增长率为 0（2014：0）推断得出。减值测试中采用的其他关键数据包括：产品预计售价、销量、生产成本及其他相关费用。公司根据历史经验及对市场发展的预测确定上述关键数据。公司采用的折现率是反映当前市场货币时间价值和相关资产组特定风险的税前利率
雷柏科技 （002577.SZ）	本公司商誉的可收回金额系根据 2016 年 3 月 29 日与姚伟、占志虎、朱光敏签署的股权转让协议价格确定
沃森生物 （300142.SZ）	本集团依据上海立信资产评估有限公司（信资评报字（2016）第 2035-1 号、信资评报字（2016）第 2035-2 号、信资评报字（2016）第 2035-3 号、信资评报字（2016）第 2035-4 号）评估报告计提商誉减值准备
信威集团 （600485.SH）	本公司聘请具有证券资格的评估机构对中创资产组权益价值进行评估，中创资产组 2015 年 12 月 31 日权益价值为 34，426.50 万元，小于包含商誉的资产组账面价值 109 582.53 万元
银江股份 （300020.SZ）	根据管理层批准的未来五年财务预测为基础的现金流量预测来确定资产组的可收回金额，现金流量预测所用的折现率是 13.50%，预算销售增长率基于预算年度的销售增长率确定。本期公司聘请具有证券资格的评估师事务所对北京亚太安讯截止 2015 年 12 月 31 日的 100% 股权价值进行评估，在本期计提商誉减值准备 294 904 297.44 元

注：以上内容均摘自上市公司年度报告商誉减值准备附注

经过分析，本文认为，目前上市公司减值披露中存在如下问题：

一是减值准备计算方法披露的不完善、不详尽。有相当一部分上市公司仅披露减值的金额而没有对其计算过程及可信度进行详细的披露。

二是减值测试过程中可收回金额的确定主要基于未来现金流量的折现值来确定，而其中影响最大的折现率的选择受到行业等特征的影响，并未有一个相对完善明确而统一的标准。这赋予了上市公司在估值中的较大的自由裁量权，从而为盈余管理提供一定的空间。

三是评估机构和评估报告的可靠性问题。不同于会计师事务所仅采用合伙制，我国目前的评估机构可以采用合伙制和公司制，二者最大的不同在于"有限责任"，公司制下股东只以出资额对公司承担有限责任。因此，如果为并购服务的第三方估值公司是公司制时，即使在因评估公司与上市公司合谋舞弊的情形下，而给公司带来损失也仅限于其出资额，而这些机构的设立成本有时甚至不如一单商誉的价值。鉴于评估机构在商誉确认和计量中的作用，本文建议应该强化其承担的责任（如规定为上市公司提供服务的评估机构应仅限于合伙制评估机构），增强评估机构的独立性以确保评估结果的可靠性。

对此，有必要对于上市公司减值测试方法及其披露程度进行更为严格的规范和事后审查。

第四章　合并商誉对企业绩效的影响

第一节　问题的提出

　　根据本文前述的统计分析，在我国的上市公司中，合并商誉已经成为财务报表中普遍存在的一项较大的单项资产，其确认和计量无论对企业本身或是对资本市场都有不可小觑的影响。然而现有文献，却鲜有对合并商誉的经济后果进行系统的研究。其次，商誉减值作为唯一后续计量方法在资本市场出现的状况引起了学术界以及实务界的质疑，近期一些专家认为 IASB 应该采用商誉摊销来代替仅采用减值测试法。例如，在 EFRAG 于 2014 年发表的题为"是否仍应进行商誉摊销"的论述文章中，研究小组认为："恰当的做法是重新引入商誉摊销，因为它合理地反映了企业合并带来的经济资源随着时间推移产生的消耗，并且能够以实现充分可验证性和可靠性的方式应用"（EFRAG，2014）[1]。KPMG 在2014 年发布的一份题为"谁关心商誉减值？"[2] 的报告中提出了类似的观点。在针对《国际财务报告准则第 3 号—企业合并》最新进行的实施后回顾（PIR）[3] 的研究结果中也可以发现关于仅采用减值测试法的一些担忧。事实上，国际会计准则理事会方面认为，PIR 最显著的结果是提出需要改进减值测试。减值替代摊销成为国际上普遍的合并商誉后续计量方法后，在近年来不断出现对于减值测试方法作为唯一后续计量方法的质疑，在对于商誉会计准则国际会议议题主要也是关于减值测试方法的改进。

　　而目前有关商誉会计后续计量的研究主要是针对商誉减值进行的，缺乏从研究商誉本质角度来改进后续计量方法的文献。但本文认为要解决商誉会计后续计量的改进，除了对于减值测试法本身的研究之外，还应该回归到合并商誉的经济实质及其经济后果上，因为合并商誉的后续计量方法是根据商誉的本质而提出的，如果合并商誉能够为企业带来持久的超额收益，则适用仅减值测试法，但如果其经济后果并不符合超额收益实质，则如前述文献综述中所述，商誉的减值很大程度源于并购之处对商誉的高估而非商誉价值下降的反

---

[1] EFRAG.Should goodwill still not be amortised？ [EB/OL].[2014-07].http：//www.fondazioneoic.eu/wp-content/uploads/downloads/2014/07/140722_Should_goodwill_still_not_be_amortised_Research_Group_paper.pdf

[2] KPMG.New ISG Publication：Who Cares About Goodwill Impairment？ -A Collection of Stakeholder Views[EB/OL].[2014-04].http：//www.kpmg-institutes.com/institutes/ifrs-institute/articles/2014/04/who-cares-about-goodwill-impairment.html

[3] IASB.Post-implementation Review of IFRS 3Business Combinations[R]，2015https：//www.ifrs.org/-/media/project/pir-ifrs-3/published-documents/pir-ifrs-3-report-feedback-statement.pdf

映，这种情形下，就应考虑改进现有后续计量方法。

综上所述，本章拟解决以下问题：现有会计准则下确认计量的合并商誉是否符合其超额收益的经济实质？合并商誉的确认给企业的绩效将带来怎样的影响？以及其影响的时效性。

第二节　理论依据及假设提出

"三元理论"（Eldon.S.Hendriksen，1967）将商誉的本质概括为好感价值论，超额收益论以及总计价账户论。其中受到学术界广泛认同的为超额收益观（Paton，1922；汤湘希，1995；葛家澍，1996；徐泓等，1998），即预期未来收益（或对持产者的现金支付）超过正常报酬的超额利润的现值。但从现行各国的商誉会计实务角度来看，则更多地体现总计价账户论，总计价账户观（Canning，1929；Miller，1973）又称剩余价值观，这一观点认为商誉是企业整体价值超过企业可辨认净资产公允价值总和的差额。总计价账户观与超额收益观是一脉相承的，只是超额收益观将商誉视为一项单独的资产，而总计价账户观是将商誉视为一个特殊的、过渡性的资产。在现行准则下，合并商誉的确认来自于并购的价差（购买方的合并成本大于取得被购买方的各项可辨认资产、负债公允价值净额的差额）。按照《美国财务会计准则141号——企业合并》（SFAS No.141）中的"核心商誉"（core-goodwill）的概念，商誉的构成要素分为以下6种：①被收购企业净资产在收购日的公允价值大于其账面价值的差额；②被收购企业未确认的其他净资产的公允价值；③被收购企业存续业务"持续经营"要素的公允价值；④收购企业与被收购企业净资产和业务结合的预期协同效应的公允价值；⑤由于计量偏误产生的金额；⑥收购企业溢价或折价支付（负商誉）的金额，其中仅有第三第四项属于FASB所提出的"核心商誉"。综上，由于现行会计准则下的合并商誉的确认和计量均来自于并购的价差，此种"价差商誉"与"核心商誉"存在较大差异，其中包含了诸多与商誉本质无关的因素，而仅仅只有"核心商誉"部分才能为企业带来超额收益（王秀丽，2013）。本文认为在目前实务中的合并商誉与超额收益论的商誉有所不同，超额收益观认为商誉能够为企业带来长期的利益，但在我国现行会计准则下的合并商誉能够为企业带来超额收益的能力是有限的。

基于上述分析，提出本章第一个假设：

H4.1 现行会计准则下确认计量的合并商誉与其超额收益本质有所偏离，不能为企业带来超额收益。

市场在对公司进行估值的时候，也将商誉作为一项资产与其他资产一样考虑入内，那么商誉对于公司的市场价值就有正向的贡献。早期关于商誉与公司的市场价值的实证研究都发现了合并商誉与公司权益市场价值的显著正相关关系。（Vincent，1994；Henning，2000；McCarthy and Schneider，1994；Jenningsetal.，1996；Kealey，1996；Godfrey and

Koh，2001）。对此，本文同样认为企业的合并商誉能够为企业的市场价值产生积极作用。除了市场价值之外，同样不乏研究表明商誉对企业绩效有积极作用（Chauvin and Hirschey，1994；Shahwan，2004）。但上述研究的时间较早，都存在于以减值测试法作为合并商誉唯一的后续计量方法的准则颁布之前。而近年我国资本市场的并购重组活动活跃，在新一轮的并购热潮中，多以轻型企业间的并购为主，这些行业的公司无形资产所占比重较大，估值较难，因此在此轮的并购热潮中不乏许多"三高"（即高估值、高溢价、高业绩承诺）案例。因此在牛市中出现的并购潮，合并商誉容易成为高估值的"价差容器"，本文认为上市公司近年来激增的合并商誉对于企业绩效的积极作用是有限的，并不能给企业带来长期的绩效增长。Martin and Natelie（2006）以澳大利亚上市公司为样本，发现商誉与权益价值存在正相关关系，也考察了合并商誉与并购后时间的关系，发现并购当期产生的商誉与权益价值的相关关系更显著。王秀丽（2014）以 A 股市场 2007—2010 年的上市公司为样本，基于价值相关性理论，检验商誉在资产负债表上确认后是否持续存在价值相关性。实证结果证明当年合并获得的商誉与公司价值显著正相关，但是合并后超过一年以上的商誉不具有价值相关性。郑海英等（2014），以我国 A 股 2007—2012 年上市公司为样本，研究发现商誉对于企业绩效的积极影响只存在于当期，而对于企业的长期绩效甚至有负面的影响。基于上述分析，提出本章第二个假设：

H4.2a 合并商誉对企业当期业绩存在积极影响。

H4.2b 合并商誉对企业长期绩效不存在积极影响。

相较于行业集中度较低，即竞争性行业，本文的观点是：行业集中度高的公司并购的目的更多地侧重于追求并购的协同效应而非短期的业绩提升，因此并购产生的合并商誉相对于行业集中度较低的要更能体现业务存续的公允价值和协同效应。其次，行业集中度高的公司本身资金雄厚，即使单项并购的业绩不理想，也不会对公司持续经营造成巨大影响，同样也更少发生商誉减值，也就更少地利用商誉减值进行盈余管理。此外，在竞争性大的行业中企业并购所产生的协同效应可能会由于业内的模仿竞争而很快削弱乃至消失，其协同效应带来的超额收益无法像具有行业领导地位或者垄断地位的企业那样持久。董笑晗和张彤（2015）以国有企业 2008—2012 年的并购绩效进行实证研究，提出并购活动对保护性行业的绩效影响大于对竞争性行业绩效影响这一结论。刑立全等（2015）以我国 A 股市场 2008—2014 年上市公司为样本，研究商誉对企业绩效的影响，发现并购商誉对上市公司业绩存在正向的影响，且随产品市场竞争的加剧而减弱、随上市公司在行业竞争优势（较高市场份额或较强定价力量）的增强而增强。因此本文认为行业集中度较高的企业，并购产生的协调效应较竞争性行业要强，有助于提高合并商誉对上市公司业绩和市场价值的积极影响，且有助于延长积极影响的存续期间。基于上述分析，提出本章的第三个假设：

H4.3 市场集中度对合并商誉与企业当期及长期绩效的关系具有积极的调节作用。

第三节 研究设计

一、数据来源及样本选择

本文选取我国 A 股市场 2007—2016 年上市公司为样本，数据均来自 wind 数据库。选取披露了合并商誉的公司，删除缺失值，剔除金融行业及 ST* 类上市公司，为消除极端值影响，本文对所有变量进行上下 1% 分位缩尾（Winsorize）处理，最终得到 8644 个观测值。

二、变量定义

（一）因变量

对于超额收益，本文借鉴汤湘希（1995）和葛家澍（1996）的观点，即超过一般行业标准的获利能力是为商誉的本质，因此采用大于行业均值的 ROA 和 OCF 两个指标来衡量，即先以证监会行业代码分行业分年份求出 ROA 和 OCF 行业均值，再取大于该均值的 ROA（EE）和 OCF（EC）观测值作为超额收益的代理变量。企业的绩效指标采用 ROA 和 Tobin's Q 两个指标来衡量。同时借鉴了郑海英等（2014）的研究，本文除了研究商誉对于当期（t 期）因变量的关系外，还将研究扩展到 t+1 期与 t+2 期的因变量来考察上市公司合并商誉对于滞后两期公司业绩和市场价值的影响。

（二）解释变量

对于合并商誉，本文将其分为两部分（动态时期数和静态的时点数）来考察其对企业超额收益及其绩效的影响。第一部分为当期确认的商誉：为期末商誉余额加上商誉减值损失减去期初商誉余额，剔除掉该值为负（当期商誉减少或注销）与零（当期商誉没有变化）的观测值，并除以总资产标准化（ΔGw_a），来考察当期确认的商誉（时期数）对企业绩效的影响。第二部分为商誉的账面价值，即为财务报表中当期期末商誉净额，并除以总资产标准化（Gw_a），以此考察商誉账面价值（时点数）对企业绩效的影响。

根据已有研究文献以及本文前述的文献分析，本文考虑了企业的成长性（营业收入增长率 Growth）、债务契约（资产负债率 Debt）、管理层声誉激励（CEO 是否变更 CEOchg）、股权集中度（前十大股东持股比例 Largest10）、产权性质（是否为国企 State）、外部监督（审计质量 Audit4 以及独董比例 Outer）、公司规模（Size）、公司上市年限（Age）以及行业（Industry）年份（Year）等控制变量。

三、模型构建

根据上述理论推导及变量选取，为了研究上市公司合并商誉对企业绩效的影响，本文构建了如下模型：

$$EE_t=\beta_1+\beta_2\Delta Gw\_a+\beta_3Gw\_a+\beta_4Growth+\beta_5Debt+\beta_6CEOchg+\beta_7Largest10$$
$$+\beta_8State+\beta_9Audit4+\beta_{10}Outer+\beta_{11}Size+\beta_{12}Age+\beta_{13}Industry+\beta_{14}Year \quad (4\text{-}1)$$

$$EC_t=\beta_1+\beta_2\Delta Gw\_a+\beta_3Gw\_a+\beta_4Growth+\beta_5Debt+\beta_6CEOchg+\beta_7Largest10$$
$$+\beta_8State+\beta_9Audit4+\beta_{10}Outer+\beta_{11}Size+\beta_{12}Age+\beta_{13}Industry+\beta_{14}Year \quad (4\text{-}2)$$

$$ROA_t=\beta_1+\beta_2\Delta Gw\_a+\beta_3Gw\_a+\beta_4Growth+\beta_5Debt+\beta_6CEOchg+\beta_7Largest10$$
$$+\beta_8State+\beta_9Audit4+\beta_{10}Outer+\beta_{11}Size+\beta_{12}Age+\beta_{13}Industry+\beta_{14}Year \quad (4\text{-}3)$$

$$TQ_t=\beta_1+\beta_2\Delta Gw\_a+\beta_3Gw\_a+\beta_4Growth+\beta_5Debt+\beta_6CEOchg+\beta_7Largest10$$
$$+\beta_8State+\beta_9Audit4+\beta_{10}Outer+\beta_{11}Size+\beta_{12}Age+\beta_{13}Industry+\beta_{14}Year \quad (4\text{-}4)$$

$$ROA_t=\beta_1+\beta_2\Delta Gw\_a+\beta_3Gw\_a+\beta_4HHI+\beta_5HHI\times\Delta Gw\_a+\beta_6HHI\times Gw\_a$$
$$+\beta_7Growth+\beta_8Debt+\beta_9CEOchg+\beta_{10}Largest10+\beta_{11}State+\beta_{12}Audit4+\beta_{13}Outer$$
$$+\beta_{14}Size+\beta_{15}Age+\beta_{16}Industry+\beta_{17}Year \quad (4\text{-}5)$$

$$TQ_t=\beta_1+\beta_2\Delta Gw\_a+\beta_3Gw\_a+\beta_4HHI+\beta_5HHI\times\Delta Gw\_a++\beta_6HHI\times Gw\_a$$
$$+\beta_7Growth+\beta_8Debt+\beta_9CEOchg+\beta_{10}Largest10+\beta_{11}State+\beta_12Audit4+\beta_{13}Outer$$
$$+\beta_{14}Size+\beta_{15}Age+\beta_{16}Industry+\beta_{17}Year \quad (4\text{-}6)$$

同时在以上 6 个方程基础上，将每一个因变量扩展至其后两期，即 t+1 与 t+2 期，得到共 18 个方程。

表 4-1　主要变量名称及说明

变量类型	变量名称	变量名称	变量定义
因变量	超额收益	EE	EE=ROA，if ROA>ROAmean by indsurty and year。先计算全样本分年度分行业的 ROA 行业均值，如果企业当期 ROA 大于行业均值则取该值，否则，予以剔除
	超额收益	EC	EC=OCF，if OCF>OCFmean by indsurty and year。先计算全样本分年度分行业的 COF（经营活动现金流量比）行业均值，如果企业当期 OCF 大于行业均值则取该值，否则，予以剔除
	资产收益率	ROA	净利润除以总资产
	Tobin' sQ 值	Tobin' sQ	企业市价 / 企业的重置成本
解释变量	当期确认的合并商誉	ΔGw_a	年末商誉余额 - 年初商誉余额 + 商誉减值损失 / 总资产
	当期商誉账面价值	Gw_a	资产负债表中期末商誉净额 / 总资产

续 表

变量类型	变量名称	变量名称	变量定义
	营业收入增长率	Growth	本年营业收入增加额比上年营业收入额
	资产负债率	Debt	上市公司期末总负债除以总资产
	CEO 是否变更	CEOChg	虚拟变量，发生变更取 1，否则为 0
	股权集中度	Largest10	前十大股东持股比例
	产权性质	State	虚拟变量，国企取 1，非国企为 0
控制变量	四大审计	Audit4	虚拟变量，上市公司聘请四大会计师事务所取 1，否则为 0
	独立董事比例	Outer	独立董事人数占董事会人数比例
	公司规模	Size	年末总资产取对数
	公司上市年数	Age	上市公司自上市至研究年度时间取自然对数
	年度	Year	年度虚拟变量
	行业	Industry	行业虚拟变量
调节变量	行业集中度	HHI	赫芬达尔指数

第四节 样本描述性统计分析

表 4-2 描述性统计分析结果

变量	观测值	最小值	最大值	均值	中位数	标准差
EE	3877	0.0117	0.200	0.0841	0.0749	0.0368
EC	4250	0.0157	0.243	0.0982	0.0863	0.0485
ROA	8644	-0.106	0.200	0.0460	0.0401	0.0478
Tobin' sQ	8644	0.166	15.23	2.40	1.775	2.130
Gw_a	8644	0	0.842	0.0371	0.00582	0.0810
ΔGw_a	2，163	0	0.441	0.0111	0	0.0484
Growth	8644	-0.456	1.888	0.195	0.135	0.349
Debt	8644	0.0559	0.885	0.449	0.450	0.207

CEOchg	8644	0	1	0.240	0	0.399
State	8644	0	1	0.350	0	0.477
Audit4	8644	0	1	0.0731	0	0.260
Largest10	8644	0.219	1	0.581	0.591	0.149
Outer	8644	0	0.667	0.370	0.333	0.0593
Size	8644	10.84221	28.50877	21.43	21.34	1.498
Age	8644	0	3.296	2.015	2.303	0.885
HHI-10	8644	0.165	0.989	0.412	0.365	0.1990

　　表4-2报告了合并商誉对企业绩效影响的主要变量的描述性统计分析。根据4-2可知，ROA的均值为0.0460，中位数为0.0401，最大值为0.200，最小值为-0.106，根据ROA计算的超额收益EE的均值为0.0841，中位数为0.0749，最大值为0.200，最小值为0.0117。超额收益的均值相较于ROA要高，但在所选择披露合并商誉信息的8644个样本中，仅有未超过半数（3877）的样本的ROA是大于其行业均值的。根据OCF（企业经营活动现金流量比）计算的超额收益EC均值为0.0982，中位数为0.0863，最大值为0.243，最小值为0.0157，观测值为4250个，同样也没有超过披露合并商誉企业样本数的一半。可见，拥有商誉的企业，未必会给企业带来如期的超额收益，当然这还有待于回归结果的进一步验证。Tobin'sQ值的均值为2.40，中位数为1.775，最大值为15.23，最小值为0.166。主要解释变量Gw_a的均值为0.0371，中位数为0.00582，最大值为0.842，最小值为0，由此可见合并商誉在企业总资产的比重属于较大的单项资产，且最大值达到0.842，即商誉占公司总资产的80%以上。主要解释变量ΔGw_a的均值为0.0111，最大值为0.441，即当期确认的合并商誉均值能达到0.0111，且最大能达到0.44，合并商誉的增加值可以占到企业总资产的40%以上，商誉问题足以引起重视。其余控制变量Growth的均值为0.195，Debt的均值为0.449，CEOchg的均值为0.240，State的均值为0.350，Audit4的均值为0.0731，Largest10的均值为0.581，Outer的均值为0.370，Size的均值为21.43，Age的均值为2.015，HHI-10的均值为0.412。从上述描述性统计分析来看，变量基本符合正态分布，且方差不大，下文将对变量进行进一步的回归分析。

第五节　实证结果分析

　　为了进一步探究上市公司合并商誉对企业绩效的影响，本文对主方程进行了回归分析，结果如下：

表 4-3 合并商誉对企业超额收益的影响

	（1）	（2）	（3）	（1）	（2）	（3）
	EE	F.EE	F2.EE	EC	F.EC	F2.EC
ΔGw_a	0.00151	0.00366	0.00149	0.00189	-0.000160	0.000164
	（1.06）	（2.14）	（0.83）	（0.69）	（-0.06）	（0.06）
Gw_a	-0.0712***	-0.0513***	-0.0309**	-0.0555***	-0.0478***	-0.0604***
	（-10.92）	（-6.55）	（-2.46）	（-5.40）	（-3.77）	（-3.10）
Growth	0.0137***	0.00659***	0.00248	0.00515**	0.00787***	0.00336
	（9.29）	（3.64）	（1.11）	（2.22）	（3.04）	（1.11）
Debt	-0.0541***	-0.0172***	-0.00368	0.00329	0.0153***	0.00305
	（-13.00）	（-3.64）	（-0.64）	（0.64）	（2.60）	（0.46）
CEOchg	-0.000313	-0.000547	-0.00120	-0.00241	0.000449	0.000311
	（-0.30）	（-0.44）	（-0.82）	（-1.45）	（0.25）	（0.16）
Audit4	0.0164***	0.0185***	0.0187***	0.0146***	0.0162***	0.0120***
	（4.68）	（4.79）	（4.27）	（3.77）	（3.91）	（2.61）
State	0.00616***	0.00514**	0.00378	0.00795***	0.00473*	0.000459
	（3.13）	（2.30）	（1.49）	（3.51）	（1.90）	（0.17）
Largest10	0.0133***	0.0234***	0.0199***	0.00743	0.0120*	0.00210
	（2.95）	（4.42）	（3.13）	（1.29）	（1.85）	（0.29）
Outer	0.00116	-0.000159	-0.000458	-0.0153***	-0.0133***	-0.0164***
	（0.34）	（-0.04）	（-0.10）	（-3.42）	（-2.67）	（-2.94）
Size	0.000111	-0.00339***	-0.00590***	-0.00236**	-0.00455***	-0.00299**
	（0.15）	（-3.86）	（-5.46）	（-2.44）	（-4.11）	（-2.37）
Age	-0.0407***	-0.0384***	-0.0125***	-0.0286***	-0.0122***	-0.000215
	（-13.86）	（-11.16）	（-3.26）	（-8.64）	（-3.21）	（-0.06）
Industry	控制					
Year	控制					
_Cons	0.0963***	0.123***	0.143***	0.136***	0.146***	0.135***
	（10.42）	（11.28）	（11.10）	（11.64）	（11.14）	（9.22）
N	3592	2673	1988	4005	3168	2487
r2_w	0.159	0.114	0.0818	0.0415	0.0264	0.0102

注：回归系数下方括号内是标准差，***、**和*分别表示通过显著水平为1%、5%以及10%的检验

表 4-3 报告了企业当期确认的合并商誉 ΔGw_a 以及商誉账面价值 Gw_a 对于企业超额收益的回归结果。超额收益的代理变量为两个指标 EE（超过行业均值的 ROA）和 EC（超过行业均值的 OCF）。从回归可以看出，上市公司当期确认的合并商誉对于企业当期的超额收益的影响并不显著，其对于其后两期的超额收益也均不显著。因此，本文认为合并商誉的确认和增加，并不能为企业创造即时或持久的超额收益。同时，合并商誉的账面价值对企业的超额收益有显著的负向影响，且负面影响无论在企业当期，还是滞后两期的回归中，均有体现。上述结论支持了本章的第一个假设。企业的营业收入增长 Growth 对超额收益的增加有显著的贡献，资产负债率对其为负向的影响，但在以经营活动产生的现金流量比为基础计算的超额收益中有显著的正向影响，可能是由于负债的增加，对企业的现金持有量有益，其余控制变量都较为符合预期。综上，本文认为我国现今资本市场中所确认计量的合并商誉，与其理论上的超额收益的本质有所差别，合并商誉当期的增加额和已有账面价值都没有为企业带来持久的超出同行业的获利能力，甚至于合并商誉的账面价值对企业的超额收益有显著的负面影响。这在本文其后的章节中会进一步探究其产生原因及作用原理。

当然，虽然合并商誉没有为企业带来超额收益，但本文仍希望了解其对企业绩效的影响，因此我们以 ROA 和 Tobin'sQ 值为企业绩效的衡量标准，对合并商誉与企业绩效的关系进行了考察，回归结果如下：

表 4-4　合并商誉与企业绩效

	（1） ROA	（2） F.ROA	（3） F2.ROA	（4） Tobin'sQ	（5） F.Tobin'sQ	（6） F2.Tobin'sQ
ΔGw_a	0.00250**	0.00251	0.00334	0.174**	0.0171	-0.00857
	（1.79）	（1.60）	（1.95）	（2.02）	（0.18）	（-0.09）
Gw_a	-0.0615***	-0.0192**	-0.0152	-1.075***	-1.167**	-0.703
	（-10.27）	（-2.41）	（-1.16）	（-2.75）	（-2.34）	（-0.87）
Growth	0.0267***	0.0157***	0.00834***	0.0782	0.337***	-0.0759
	（24.56）	（11.80）	（5.21）	（1.10）	（4.04）	（-0.79）
Debt	-0.0960***	-0.0482***	-0.0300***	0.420*	-0.254	-0.463
	（-29.38）	（-12.25）	（-6.44）	（1.90）	（-1.02）	（-1.64）
CEOchg	0.000219	-0.000788	0.000352	-0.0276	-0.0190	-0.00713
	（0.25）	（-0.77）	（0.30）	（-0.49）	（-0.30）	（-0.10）
Audit4	0.0120***	0.0217***	0.0250***	0.729**	0.571*	0.560*
	（3.54）	（5.75）	（6.09）	（2.46）	（1.81）	（1.73）

续　表

State	0.00220	0.00345*	0.00376*	-0.0488	-0.0592	0.0479
	（1.25）	（1.73）	（1.69）	（-0.36）	（-0.41）	（0.33）
Largest10	0.0455***	0.0534***	0.0444***	0.718***	0.286	0.784**
	（12.35）	（12.23）	（8.57）	（2.84）	（1.01）	（2.46）
Outer	-0.00471	-0.00643*	-0.00320	0.0784	-0.0315	0.00380
	（-1.46）	（-1.74）	（-0.76）	（0.31）	（-0.12）	（0.01）
Size	0.00294***	-0.00188**	-0.00563***	-0.215***	-0.131***	-0.0812
	（4.88）	（-2.53）	（-6.22）	（-5.04）	（-2.63）	（-1.40）
Age	-0.0125***	-0.0286***	-0.0146***	0.785	0.725***	-0.989***
	（-9.75）	（-14.18）	（-6.32）	（0.22）	（5.25）	（-6.38）
Industry	控制					
Year	控制					
_Cons	0.0230***	0.0654***	0.102***	-0.0954	-0.746	-0.907
	（3.01）	（7.12）	（9.44）	（-0.17）	（-1.17）	（-1.27）
N	8277	6401	4893	8277	6401	4893
r2_w	0.167	0.0935	0.0566	0.0538	0.0249	0.0423

注：回归系数下方括号内是标准差，***、** 和 * 分别表示通过显著水平为1%、5%以及10%的检验

表4-4报告了合并商誉对企业绩效影响的回归结果。从表中可知，企业当期确认的合并商誉对企业的当期绩效具有显著的积极影响。但是这种积极影响持续期间很短，从滞后一期开始消失，对企业滞后一期到两期的绩效均不再具有显著的影响。这支持了本文的假设4.2，即上市公司合并商誉对企业当期绩效具有积极影响，但对企业的长期绩效并无显著贡献。但是，从表4-4中可看出，合并商誉的账面价值对企业绩效的影响并不符合本文的假设，合并商誉的账面价值对企业绩效的影响是显著的负面影响，不仅仅是当期，这种负面影响能够持续到滞后一期的回归中，即合并商誉的账面价值对企业当期即后续的绩效存在负面影响。这一点同样与商誉的超额收益本质所不符。因此，本文认为合并商誉对企业绩效的影响分为两种不同的作用：第一，当期确认的合并商誉对企业即期绩效确实存在显著积极影响，但是这种影响并不持久，很快衰减消失，并未在企业以后的经营期间有所体现；第二，已经确认形成的商誉账面价值对企业的绩效有显著的负面影响，这种影响甚至波及其后一期的绩效中，这两种不同的影响都违背了合并商誉超额收益观下的经济实质。在其后的章节中，本文将进一步研究这两种不同影响的产生原理及其作用机制。除了探究合并商誉的当期确认金额和账面价值对企业绩效的两种影响之外，本文还希望考察"核心

商誉"对企业绩效的影响，然而受限于当前财务报表中对合并商誉的信息披露较为笼统，并未明确区分"核心"与"非核心"商誉，因此仅能从行业集中度等侧面影响因素来探究其影响。因此本文进一步将行业集中度与合并商誉构造交互项进行回归，考察行业集中度对合并商誉与企业绩效的关系的调节作用，回归结果如下：

表 4-5 行业集中度对合并商誉与企业绩效关系的调节作用

	（1）	（2）	（3）	（4）	（5）	（6）
	ROA	F.ROA	F2.ROA	Tobin'sQ	F.Tobin'sQ	F2.Tobin'sQ
ΔGw_a	0.00249*	-0.0117**	0.0115**	-0.355***	0.209**	0.00451
	（1.79）	（-2.14）	（2.26）	（-3.50）	（2.05）	（0.07）
Gw_a	-0.0815***	0.00660	0.0451	-1.061***	0.512	1.105**
	（-2.93）	（0.31）	（1.32）	（-3.66）	（1.60）	（2.37）
HHI-10	0.00354*	0.00480**	0.0000910	0.0184	0.131***	0.128***
	（1.86）	（2.23）	（0.97）	（-0.60）	（4.90）	（4.68）
HHI&ΔGw_a	0.00194**	0.0104***	0.000511*	0.386***	0.256***	0.00451
	（2.02）	（2.72）	（1.69）	（5.62）	（3.62）	（0.07）
HHI&Gw_a	0.0105	0.0285*	0.0456*	0.608***	0.501**	0.361
	（0.83）	（1.84）	（1.77）	（2.79）	（2.10）	（1.03）
Growth	0.0268***	0.0158***	0.00850***	-0.00847	-0.0212	-0.0220
	（24.66）	（11.85）	（5.31）	（-0.38）	（-0.91）	（-0.87）
Debt	-0.0965***	-0.0496***	-0.0299***	-0.238***	-0.425***	-0.0480
	（-29.40）	（-12.54）	（-6.40）	（-4.61）	（-9.24）	（-1.01）
CEOchg	0.000156	-0.000855	0.000345	0.00611	-0.0362*	0.00740
	（0.18）	（-0.84）	（0.29）	（0.33）	（-1.95）	（0.39）
Audit4	0.0121***	0.0216***	0.0244***	-0.0190	-0.140***	-0.0810***
	（3.55）	（5.75）	（5.95）	（-0.49）	（-4.52）	（-2.61）
State	0.00232	0.00334*	0.00382*	0.0235	0.0629***	0.105***
	（1.31）	（1.67）	（1.71）	（1.12）	（3.63）	（6.00）
Largest10	0.0455***	0.0529***	0.0448***	-0.258***	-0.232***	-0.291***
	（12.35）	（12.12）	（8.64）	（-4.54）	（-4.67）	（-5.74）

续　表

Outer	-0.00558	-0.00832**	-0.00179	0.0365	0.0239	0.00384
	（-1.63）	（-2.11）	（-0.41）	（0.78）	（0.60）	（0.09）
Size	0.00294***	-0.00179**	-0.00551***	0.0365***	0.203***	0.116***
	（4.87）	（-2.41）	（-6.09）	（3.88）	（23.28）	（12.61）
Age	-0.0126***	-0.0288***	-0.0147***	0.541***	-0.863***	-0.501***
	（-9.80）	（-14.30）	（-6.35）	（23.13）	（-27.52）	（-15.99）
Industry	控制					
Year	控制					
_Cons	0.0186**	0.0596***	0.0986***	-0.701***	-2.422***	-1.538***
	（2.36）	（6.32）	（8.99）	（-6.00）	（-23.15）	（-14.23）
N	8277	6401	4893	8277	6401	4893
r2_w	0.168	0.0957	0.0575	0.190	0.228	0.0772

注：回归系数下方括号内是标准差，***、** 和 * 分别表示通过显著水平为 1%、5% 以及 10% 的检验

表 4-5 报告了行业集中度交互项的回归结果。从表 4-5 可知，行业集中度与企业当期确认的合并商誉的交互项与企业当期的绩效以及其后一期甚至滞后两期的绩效都存在显著的正相关。这支持了本文的假设 4.3，行业集中度对合并商誉与企业绩效的关系具有积极的调节作用，且可以延长合并商誉对企业绩效的积极作用的持续期间。同样，合并商誉账面价值与行业集中度的交互项也与企业绩效存在显著的正相关关系，且都持续到滞后一期以上。在行业集中度较高的行业中，首先企业并购的目的就更倾向于出于战略考量，业务拓展，而竞争性行业中的企业迫于行业竞争压力更容易将并购当作一种迅速的外延式扩张方式，因此行业集中度较高的企业并购后业绩整合效果相较于竞争性行业中较好，更容易产生协同效应。其次，在行业集中度高的行业中，具有行业领导地位的企业在并购时候有更好的议价能力，可以一定程度上避免过度支付，此种情形下产生的并购商誉能够更接近"核心商誉"而较少存在价差和误差等干扰成分，因此对于企业的绩效更容易产生积极作用，且积极作用更为持久。最后，由于竞争性行业中企业并购所产生的合并商誉所代表的获取超额收益的能力，容易被竞争对手模仿而迅速消失，失去其优势地位，从而使得商誉对企业绩效的积极影响迅速衰减直至消失。综上所述，本文认为行业集中度对于合并商誉与企业绩效的关系具有积极的调节作用，且能够延长合并商誉对企业绩效积极影响的存续期间。

第六节 稳健性检验与内生性处理

在上述分析中，本文对合并商誉与企业超额收益和企业绩效的关系进行了回归分析，为了检验回归结果的稳定性，本文将替换所有因变量再次回归。首先对于超额收益的衡量指标，由 ROA 和 OCF 为基础计算的超额收益代理变量替换为由 RET（年度股票收益率）和 Sales_a（标准化销售收入，年度销售收入除以总资产）来计算。同样首先对全样本计算 RET 和 Sales_a 分年度分行业的行业均值，再取大于行业均值的 RET——ER 和大于行业均值的 Sales_a——ES 作为超额收益的代理变量。此外，再将企业绩效的衡量指标由 ROA 和 Tobin's Q 值替换为 RET 和 MTB（市值账面比）。稳健性检验回归结果如下：

表 4-6 稳健性检验——合并商誉与超额收益

	（1）	（2）	（3）	（1）	（2）	（3）
	ER	F.ER	F2.ER	ES	F.ES	F2.ES
ΔGw_a	0.300***	-0.191***	0.0404	-0.00267	-0.00319	-0.000720
	（6.26）	（-3.84）	（0.70）	（-0.60）	（-0.80）	（-0.10）
Gw_a	-1.206***	-0.615***	0.0826	-0.0427**	-0.0305	-0.0765*
	（-6.99）	（-2.64）	（0.22）	（-1.99）	（-1.37）	（-1.70）
Growth	0.116***	0.00960	0.0458	-0.00328	-0.00477	0.000454
	（2.93）	（0.21）	（0.96）	（-0.69）	（-0.96）	（0.06）
Debt	-0.214**	-0.330***	0.172*	-0.0155	-0.0131	-0.0222
	（-2.20）	（-3.80）	（1.73）	（-1.44）	（-1.19）	（-1.48）
CEOchg	-0.0493	-0.0761**	0.00690	-0.00407	-0.00754*	-0.00610
	（-1.45）	（-2.15）	（0.19）	（-0.98）	（-1.87）	（-1.04）
Audit4	-0.0228	-0.102	-0.0672	-0.00185	-0.00310	-0.000203
	（-0.29）	（-1.64）	（-0.95）	（-0.15）	（-0.26）	（-0.01）
State	0.124***	0.0830**	0.166***	-0.00404	-0.000507	-0.00229
	（3.03）	（2.41）	（4.13）	（-0.77）	（-0.10）	（-0.34）
Largest10	-0.139	-0.255***	-0.381***	-0.00694	0.00480	0.00502
	（-1.27）	（-2.63）	（-3.43）	（-0.52）	（0.36）	（0.28）

续　表

Outer	0.247***	0.205***	0.311***	-0.00797	-0.0119	-0.00170
	（3.12）	（2.97）	（3.84）	（-0.77）	（-1.17）	（-0.12）
Size	0.0583***	0.224***	0.113***	-0.00922***	-0.00811***	-0.00944**
	（3.29）	（12.82）	（5.86）	（-3.65）	（-3.09）	（-2.50）
Age	0.348***	-0.788***	-0.581***	-0.00288	-0.0117	0.00598
	（10.34）	（-14.14）	（-9.77）	（-0.31）	（-1.36）	（0.46）
Industry	控制					
Year	控制					
_Cons	-1.560***	-2.998***	-1.909***	0.154***	0.138***	0.145***
	（-7.40）	（-15.14）	（-8.65）	（5.06）	（4.48）	（3.36）
N	3248	2419	1839	878	681	500
r2_w	0.156	0.154	0.0585	0.0484	0.0272	0.00419

注：回归系数下方括号内是标准差，***、** 和 * 分别表示通过显著水平为1%、5% 以及10% 的检验

表 4-6 报告了替换超额收益代理变量的回归结果。根据表 4-6 可知，上市公司当期确认的合并商誉与 ER 有显著的正相关关系，但是其滞后一期的回归中为显著的负相关关系，滞后两期不在具有显著的关系，以 ES 衡量的超额收益回归中，上市公司当期确认的合并商誉与超额收益没有显著的相关关系。这与我们主回归一致。虽然在以年度股票收益为基础计算的超额收益中，上市公司当期确认的合并商誉与其出现了显著的正相关，但这可能是由本文前述的文献综述提到的：因为并购的利好消息与投资者的过度反应所致。不少文献都表明并购能够为企业带来超额收益，但是这类文献大多是以事件研究法，超额回报率的计算窗口期较短，这种超额收益消失的时间较快，而在以更长时间期限考量的绩效中，如 Martynova（2006）以 1997-2001 年欧洲发生并购重组的公司为样本研究发现公司在发生并购重组后的业绩明显下降。在 ER 滞后一期的回归中，上市公司当期确认的合并商誉与超额收益出现显著的负相关。因此本文不认为上市公司当期确认的合并商誉与 ER 当期的正相关是由于"核心商誉"或者协同效应带来的，因为无论在以经营活动现金流量比或是销售收入比计算的超额收益回归中，上市公司新增合并商誉与超额收益的关系均不显著，即没有为企业带来经营层面的超额收益，稳健性检验的结果并未与原方程产生实质差异。

表 4-7　稳健性检验——合并商誉与企业绩效

	(1)	(2)	(3)	(4)	(5)	(6)
	RET	F.RET	F2.RET	MTB	F.MTB	F2.MTB
ΔGw_a	0.232***	-0.147***	0.0323	-0.000159	-0.0195**	-0.00763
	（7.92）	（-5.20）	（1.17）	（-0.10）	（-2.45）	（-0.74）

续 表

Gw_a	-0.420***	-0.194***	0.576	-0.00955*	-0.189***	-0.395***
	（-3.97）	（-1.63）	（3.39）	（-1.68）	（-5.65）	（-6.09）
Growth	-0.0103	-0.0213	-0.0224	0.00386***	0.0200***	0.0449***
	（-0.46）	（-0.91）	（-0.89）	（3.28）	（3.04）	（4.71）
Debt	-0.228***	-0.398***	-0.00879	-0.0192***	-0.109***	-0.0972***
	（-4.47）	（-8.76）	（-0.19）	（-6.76）	（-8.55）	（-5.28）
CEOchg	0.00681	-0.0345*	0.00923	-0.0000914	-0.00803	-0.0104
	（0.37）	（-1.85）	（0.48）	（-0.09）	（-1.53）	（-1.45）
Audit4	-0.0208	-0.143***	-0.0836***	-0.00221	-0.0176**	-0.0120
	（-0.53）	（-4.61）	（-2.69）	（-0.98）	（-2.01）	（-0.97）
State	0.0242	0.0576***	0.101***	0.00163	0.0207***	0.0496***
	（1.15）	（3.32）	（5.76）	（1.35）	（4.23）	（7.08）
Largest10	-0.260***	-0.232***	-0.289***	0.000141	-0.0400***	-0.0868***
	（-4.58）	（-4.67）	（-5.69）	（0.04）	（-2.85）	（-4.33）
Outer	0.0738*	0.0746**	0.0688*	-0.00369	-0.0189*	-0.0265*
	（1.74）	（2.06）	（1.86）	（-1.54）	（-1.86）	（-1.80）
Size	0.0373***	0.204***	0.115***	0.00265***	0.0703***	0.0967***
	（3.96）	（23.33）	（12.51）	（5.09）	（28.52）	（26.87）
Age	0.537***	-0.851***	-0.490***	0.996***	0.526***	0.269***
	（23.00）	（-27.15）	（-15.64）	（801.90）	（59.60）	（22.36）
Industry	控制					
Year	控制					
_Cons	-0.760***	-2.284***	-1.399***	-0.0242***	-0.648***	-0.863***
	（-6.74）	（-22.69）	（-13.51）	（-3.85）	（-22.84）	（-21.15）
N	8277	6401	4893	8277	6401	4893
r2_w	0.189	0.226	0.0738	0.972	0.109	0.00376

注：回归系数下方括号内是标准差，***、**和*分别表示通过显著水平为1%、5%以及10%的检验

表 4-8　稳健性检验——行业集中度对合并商誉与企业绩效的调节作用

	（1）	（2）	（3）	（4）	（5）	（6）
	RET	F.RET	F2.RET	MTB	F.MTB	F2.MTB
ΔGw_a	-0.418***	-0.223**	-0.0427	0.00841**	-0.00455	-0.00742
	（-5.43）	（-2.12）	（-0.60）	（2.31）	（-1.09）	（-1.64）
ΔGw_a	0.716***	-0.0570	-0.394	-0.0390***	0.0168	-0.0104
	（2.62）	（-0.42）	（-0.91）	（-2.82）	（0.93）	（-0.35）
HHI-10	0.101*	0.0713	0.111**	0.00223	-0.000585	0.0124**
	（1.80）	（1.52）	（2.34）	（0.49）	（-0.11）	（2.15）
HHI&ΔGw_a	0.515***	0.153	0.0279	0.0164*	0.0194*	0.0292***
	（2.61）	（0.79）	（0.16）	（-1.76）	（1.84）	（2.58）
HHI&Gw_a	0.329*	0.231***	0.177	0.0580	0.130***	0.0471
	（1.66）	（3.38）	（0.54）	（1.58）	（2.67）	（0.58）
Growth	0.00977	0.0215	0.0247	0.0268***	0.0158***	0.00846***
	（0.44）	（0.92）	（0.98）	（24.60）	（11.84）	（5.28）
Debt	0.237***	0.392***	0.0182	-0.0957***	-0.0480***	-0.0299***
	（4.62）	（8.57）	（0.39）	（-29.17）	（-12.18）	（-6.41）
CEOchg	-0.00783	0.0339*	-0.00936	0.000225	-0.000817	0.000330
	（-0.42）	（1.82）	（-0.49）	（0.26）	（-0.80）	（0.28）
Audit4	0.0173	0.142***	0.0807***	0.0120***	0.0214***	0.0246***
	（0.44）	（4.59）	（2.60）	（3.54）	（5.70）	（6.03）
State	-0.0215	-0.0564***	-0.0959***	0.00243	0.00328	0.00420*
	（-1.02）	（-3.23）	（-5.42）	（1.37）	（1.63）	（1.88）
Largest10	0.266***	0.231***	0.294***	0.0456***	0.0535***	0.0446***
	（4.69）	（4.65）	（5.78）	（12.37）	（12.25）	（8.63）
Outer	-0.0482	-0.0846**	-0.0558	-0.00367	-0.00553	-0.00292
	（-1.08）	（-2.32）	（-1.43）	（-1.13）	（-1.49）	（-0.69）
Size	-0.0354***	-0.202***	-0.113***	0.00294***	-0.00181**	-0.00533***
	（-3.75）	（-23.00）	（-12.22）	（4.86）	（-2.42）	（-5.89）

续 表

Age	-0.539***	0.849***	0.487***	-0.0125***	-0.0288***	-0.0150***
	（-23.09）	（27.08）	（15.50）	（-9.71）	（-14.26）	（-6.47）
Industry	控制					
Year	控制					
_Cons	0.758***	2.296***	1.404***	0.0230***	0.0640***	0.104***
	（6.68）	（22.79）	（13.51）	（2.99）	（6.92）	（9.52）
N	8276	6400	4892	8276	6400	4892
r2_w	0.189	0.229	0.0734	0.167	0.0955	0.0568

注：回归系数下方括号内是标准差，***、** 和 * 分别表示通过显著水平为 1%、5% 以及 10% 的检验

表4-7 与表4-8 报告了合并商誉与企业绩效以及行业集中度调节作用的稳健性检验。从表4-7 中可知上市公司当期确认的合并商誉对企业当期绩效具有显著的积极影响，而对于其后期间则不存在积极影响，甚至出现负面影响。而上市公司合并商誉的账面价值仍然如原回归方程一样，对企业绩效具有显著的负面影响，且此种影响至少持续到企业滞后一期的绩效的回归中。从表4-8 可知行业集中度对合并商誉与企业绩效的关系具有显著的正向调节作用，且同样能够使得上市公司当期确认的合并商誉对企业的积极影响持续到其后一期甚至两期的回归中。

综上所述，本文对原方程进行了稳健性检验，稳健性检验的结果与原方程基本保持一致，并无本质差异。

虽然本文对原方程进行了稳健性检验，但是由于企业绩效的影响因素颇多且无法穷尽，因此存在遗漏变量的内生性问题。为了更准确地研究合并商誉与企业绩效的关系，必须对内生性问题进行处理，引入动态面板，以滞后一阶的被解释变量作为工具变量，采用动态 GMM 方法对原方程再一次回归，回归结果如下：

表4-9　动态 GMM 回归——合并商誉与 ROA

	（1）ROA	（2）F.ROA	（3）F2.ROA	（4）ROA	（5）F.ROA	（6）F2.ROA
L.ROA	0.264***			0.241***		
	（7.38）			（6.11）		
ROA		0.214***			0.136	
		（3.39）			（1.39）	
F.ROA			0.293***			0.271***
			（5.46）			（3.99）
ΔGw_a	0.262**	-0.0303***	-0.0197*	0.745***	0.0390	-0.178
	（2.41）	（-2.94）	（-1.83）	（3.15）	（0.29）	（-1.04）

续　表

Gw_a	-0.152*	-0.0394***	-0.249	0.0892	0.280**	0.329*
	（-1.94）	（-0.68）	（-2.70）	（1.01）	（2.05）	（1.82）
HHI-10				-0.0309	0.0844*	0.0702*
				（-0.78）	（1.88）	（1.70）
HHI&Δgw_a				0.465**	0.171	0.259**
				（2.40）	（1.39）	（2.05）
HHI&gw_a				2.092	0.845**	0.603**
				（1.48）	（2.43）	（2.13）
Growth	0.0769***	0.00672	-0.0176**	0.0803***	0.00784	-0.0149
	（8.13）	（0.67）	（-2.38）	（7.95）	（0.53）	（-1.56）
Debt	0.115**	0.117***	0.154***	0.107*	0.0502	0.214***
	（2.12）	（2.97）	（3.31）	（1.86）	（0.77）	（3.41）
CEOchg	-0.0110	0.0216*	0.0258*	-0.0203	0.0304	0.0184
	（-0.73）	（1.67）	（1.84）	（-1.25）	（1.48）	（0.95）
Audit4	0.238***	0.115***	0.0793	0.238***	0.171***	0.00889
	（6.27）	（2.98）	（1.61）	（5.55）	（2.89）	（0.11）
State	0.0139	0.00617	0.0173	0.0130	0.0539	0.0430
	（0.78）	（0.40）	（0.78）	（0.61）	（1.64）	（1.40）
Largest10	-0.189***	-0.0846	0.260***	-0.196***	-0.0963	0.261**
	（-3.25）	（-1.19）	（3.03）	（-3.18）	（-0.95）	（2.31）
Outer	0.188***	0.133***	0.232***	0.181**	0.133	0.154**
	（3.18）	（2.76）	（4.65）	（2.48）	（1.57）	（2.10）
Size	-0.0474***	-0.0548***	-0.0264***	-0.0458***	-0.0583***	-0.0296**
	（-6.75）	（-7.54）	（-2.75）	（-6.16）	（-5.32）	（-2.18）
Age	-0.00625	-0.0370***	-0.0166*	-0.00972	-0.0256**	-0.0107
	（-0.71）	（-5.49）	（-1.67）	（-0.92）	（-2.40）	（-0.80）
Industry	控制					

Year 控制					
_Cons	0.575***	0.652***	-0.0102	0.622***	0.578***	-0.0569
	（5.08）	（4.99）	（-0.06）	（4.98）	（2.93）	（-0.24）
AR（1）	0.000	0.000	0.000	0.000	0.000	0.000
AR（2）	0.041	0.979	0.259	0.036	0.058	0.978
Sargan	0.618	0.571	0.886	0.252	0.069	0.155
N	6603	6401	4857	6602	6400	4856
r2_w						

注：回归系数下方括号内是标准差，***、** 和 * 分别表示通过显著水平为 1%、5% 以及 10% 的检验

表4-10 动态 GMM 回归——合并商誉与 Tonbin'sQ

	（1）Tobin'sQ	（2）F.Tobin'sQ	（3）F2.Tobin'sQ	（4）Tobin'sQ	（5）F.Tobin'sQ	（6）F2.Tobin'sQ
L.Tobin'sQ	-0.197***			-0.00200***		
	（-4.12）			（-3.59）		
Tobin'sQ		-0.01965***			-0.000864	
		（-0.24）			（-0.44）	
F.Tobin'sQ			-0.333***			-0.00358***
			（-9.57）			（-3.24）
Δ Gw_a	0.157***	-0.00632	-0.00245	0.442***	-0.0189	0.174***
	（5.31）	（-1.04）	（-1.40）	（3.33）	（-0.09）	（3.01）
Gw_a	-0.0632***	-0.0780***	0.0139	-0.00113	0.245**	0.117**
	（-2.80）	（-3.76）	（1.02）	（-0.04）	（2.00）	（2.36）
HHI-10				0.00467	0.0438	0.0813***
				（0.54）	（1.53）	（4.48）
HHI& Δ gw_a				0.228**	0.271	0.163***
				（2.24）	（1.19）	（3.21）
HHI&gw_a				0.398	1.016**	0.146
				（0.41）	（2.31）	（1.38）
Growth	0.0297***	0.0241***	-0.000814	0.0296***	0.0294**	-0.00140
	（6.62）	（4.65）	（-0.45）	（5.72）	（2.35）	（-0.27）

续　表

Debt	-0.0381***	-0.0355***	0.0160***	-0.0494***	-0.0488	-0.0452**
	（-4.58）	（-2.93）	（3.64）	（-3.60）	（-1.06）	（-2.08）
CEOchg	-0.00441	-0.0344***	0.0103***	-0.00734	-0.0296	0.0128
	（-0.75）	（-3.69）	（2.83）	（-1.05）	（-1.30）	（1.26）
Audit4	-0.0286**	-0.0825***	-0.0111**	-0.0326**	-0.113***	-0.0201
	（-2.47）	（-5.09）	（-2.01）	（-2.36）	（-2.89）	（-1.20）
State	-0.0112***	0.00102	0.00961***	-0.00883	0.0373**	0.0339***
	（-3.06）	（0.22）	（4.95）	（-1.37）	（2.47）	（4.72）
Largest10	-0.0476***	-0.00800	0.0148***	-0.0540***	0.00485	-0.00579
	（-7.22）	（-0.65）	（3.27）	（-6.57）	（0.14）	（-0.43）
Outer	0.0178	-0.0481***	-0.00626	0.00429	0.00448	-0.0269
	（1.54）	（-3.34）	（-1.21）	（0.30）	（0.10）	（-1.45）
Size	0.00740***	0.0115***	0.000473	0.00716***	0.00903**	-0.000593
	（4.94）	（7.48）	（0.63）	（4.04）	（2.05）	（-0.25）
Age	0.0322***	-0.0127***	-0.0209***	0.0330***	-0.00635	-0.0189***
	（15.38）	（-3.21）	（-17.21）	（11.61）	（-0.65）	（-5.40）
Industry	控制					
Year	控制					
_Cons	-0.0725***	-0.0680***	-0.0240***	-0.0582***	-0.154**	-0.0916***
	（-5.98）	（-3.72）	（-3.52）	（-3.50）	（-2.43）	（-3.19）
AR（1）	0.000	0.000	0.000	0.000	0.000	0.000
AR（2）	0.019	0.803	0.817	0.409	0.896	0.480
Sargan	0.177	0.174	0.555	0.652	0.607	0.506
N	6400	6401	4857	6400	6400	4856
r2_w						

注：回归系数下方括号内是标准差，***、**和*分别表示通过显著水平为1%、5%以及10%的检验

表4-9和表4-10报告了合并商誉与企业绩效的动态GMM面板回归的结果。本文采用检验残差自相关的AR（1）、AR（2）和过度识别检验Sargan检验的P值来考察工具变量的联合有效性和动态GMM方法的可行性。首先，从表中可知，AR（1）的结果均在0.01%的水平上显著，AR（2）基本都在0.1%上的水平上显著或者不显著，满足扰动项的差分

存在一阶自相关，但不存在二阶自相关的条件，故可以接受"扰动向无自相关"的原假设，满足动态 GMM 方法成立的前提。其次，Sargan 检验的 P 值均不显著，无法拒绝"所有工具变量均有效"的原假设。可以判定，本文采用动态 GMM 方法来作为内生性处理的方法是有效可行的。

在合并商誉与 ROA 和 Tonbin's Q 的动态面板 GMM 回归结果中，企业当期确认的合并商誉对企业当期绩效具有显著的正向影响，而对其后两期不存在积极影响。企业合并商誉的账面价值对企业的当期绩效及其后一期的绩效都有显著的负面影响。行业集中度对合并商誉与企业绩效的关系具有显著的积极调节作用，且都持续到滞后两期的回归中。可见，回归结果与原方程并无本质差异。因此，本文认为以上实证分析结果具有一定的稳健性。

本章小结

本章以我国 A 股市场 2007 年—2016 年上市公司为样本，对合并商誉与超额收益及企业绩效的影响进行了研究，得出如下结论：

第一，上市公司当期确认的合并商誉并未给企业带来超额收益，且上市公司合并商誉的账面价值对超额收益具有显著的负面影响。

第二，上市公司当期确认的合并商誉对企业当期绩效具有显著的积极影响，能够显著地增加企业当期绩效，但是影响期间短暂，对于企业滞后一到两期的绩效就不再具有积极影响。即企业当期新增合并商誉仅对当期绩效具有积极作用，对企业长期绩效不存在积极作用。

第三，上市公司合并商誉的账面价值对企业当期及滞后一期的绩效均存在显著的负面影响。即企业的合并商誉账面价值对企业的绩效具有负面影响，且至少能够持续到第二个经营期间。

第四，行业集中度对于合并商誉与企业绩效的关系具有显著的积极调节作用，即行业集中度能够提高企业当期确认的合并商誉及合并商誉的账面价值对企业绩效积极作用。且行业集中度对于合并商誉对企业绩效的正向调节作用能持续到企业其后一期甚至两期的回归中，即行业集中度有助于延长合并商誉对企业绩效的积极影响存续期间。

基于上述研究结论可知，现行会计准则下确认计量的合并商誉并未如期给企业带来持久的超额收益。因此，本文认为现行准则下的合并商誉并未体现商誉的超额收益本质，而更多体现总计价账户观的本质，即合并商誉是并购的价差，包含诸多不符合"核心商誉"的成分，也因此，商誉对企业绩效的积极影响是十分有限的。在本章的研究中，合并商誉对企业绩效的存在形成的两种不同的影响：首先是当期确认的合并商誉对企业绩效的影响，虽然具有一定积极作用，但持续期间短暂。此外，合并商誉账面价值甚至对企业绩效存在显著的负面影响，这违背了以往理论对商誉的定义。合并商誉对企业绩效的两种不同的影响存在的原因及其作用机制都值得进一步探讨。本文将在其后两章中，通过研究合并商誉对企业绩效影响的中介效应分别研究当期确认的合并商誉和合并商誉账面价值对企业绩效不同影响的形成原因及其作用机制。

第五章　合并商誉对盈余管理的影响
以及盈余管理中介效应

第一节　问题提出

在第四章中本文已经对合并商誉对企业绩效的影响做出研究，研究结果发现：合并商誉对企业的绩效存在两种不同的影响，当期确认的合并商誉对企业当期的绩效存在积极影响，但影响并不持久，对企业的长期绩效不存在积极影响；合并商誉的账面价值对企业绩效则是显著的负面影响，且持续影响企业滞后一期的绩效。根据本文前述研究结论，进一步值得探究的问题在于：当期确认的合并商誉为何仅仅对企业当期的绩效具有积极的影响，而对企业长期的绩效却不存在显著的积极影响？企业当期确认的合并商誉对企业当期的积极作用是通过何种机制实现的？因此，本章致力于解决如下问题：企业当期确认的合并商誉是否与企业的盈余管理行为有关，是否增加了企业的盈余管理程度？企业当期确认的合并商誉对企业当期绩效的积极作用是否在一定程度上是通过盈余管理行为实现的？

第二节　理论推理与假设提出

关于合并商誉与盈余管理的文献，主要集中在研究合并商誉减值与盈余管理的角度，且大多是关于商誉减值计提的盈余管理动机的研究。

不少文献已经证实管理层会利用准则赋予的自由裁量权择机选择计提资产减值来达到盈余管理的目的（Strong and Meyer，1987；Zucca and Campbell，1992；陆建桥1999；赵春光，2006；郭均英等，2008；李姝等，2011）。商誉减值与盈余管理的关系是资产减值与盈余管理研究的重要组成部分。陆正华等（2010）认为上市公司合并商誉减值测试存在明显的盈余管理动机。王秀丽（2015）以我国 A 股 2007—2013 年上市公司为样本，研究商誉减值计提的动机，认为合并商誉的减值计提是受到盈余管理动机影响的，且与企业的绩效以及经济因素并不相关。卢煜，曲晓辉（2016）以 2007-2013 年中国 A 股上市公司为样本，研究发现，商誉减值存在盈余管理动机，具体表现为盈余平滑动机和"洗大澡"动机，并且受到一系列其他因素影响。从上述文献可知，合并商誉的减值计提具有一定的盈余管理动机。但是，如本文前述文献综述中的分析，不少学者认为商誉减值不具有价值相关性（Haynand Hughes，2006；Liberatore and Mazzi，2009；Hamberg and Beisland，2014；Šapkauskienė A et al.，2016），因为大部分商誉减值的发生来自于并购当时对商誉的高估（Li et al.，2011；Olante，2013；Gu and Lev，2011）。可以推断，合并商誉的盈余管理行为不仅仅存在于减值测试和计提中，在合并商誉的初始计量中就包含盈余管理成分。然而，现有文献仅仅只有关于合并商誉"减少"（商誉减值）过程中的盈余管理研究，而缺乏有关合并商誉"增加"（合并商誉的确认）过程中的盈余管理研究。此外，现有文献仅集中于对合并商誉减值盈余管理动机的研究（即盈余管理动机对商誉的影响），缺乏经济后果角度的合并商誉与盈余管理的实证研究（即商誉对盈余管理程度的影响）。因此，为了丰富上述两个方面的文献，本章对合并商誉"增加"过程中的盈余管理行为进行了探究。

据本文第三章的分析可知，近年来的并购多发生于轻型企业之间，这些企业倾向于利用并购作为外延式迅速扩张的方式弥补科技创新等引领的内生增长的不足，其中信息技术、文化创意等行业的并购产生的合并商誉增长较快。这类轻型企业的行业特征在于无形资产占企业总资产的比重较大，这类行业的公司估值中存在较大的专业判断，并且并购商誉的信息披露严重不足，容易使得合并商誉在确认之初就成为盈余管理的工具。此外，由于股权支付方式的兴起，使得企业对于并购的高溢价支付无须充足的现金流作为保障，乃至诸多实力并不雄厚的企业也倾向于以并购来进行盲目扩张，因此创造了许多"三高"（高风险、高溢价支付、高业绩承诺）案例，也积累了商誉估值泡沫，由于减值的频发，商誉泡沫隐忧已逐渐凸显。从 A 股市场巨额的商誉减值可以推测，在近年来由于盲目并购以及股权支付方式推高的合并商誉，其超额收益的本质难副其实，不但不能给企业带来超额收益，甚至难以达到业绩承诺，而被迫计提巨额减值。因此本文认为，现行会计准则下确认的合并商誉价值偏离其超额收益的经济实质，是企业寻求迅速扩张，追求短期利益，通过盈余管理而形成的一个合并价差，此种情形下确认计量的合并商誉会增加企业的盈余管理程度，更主要的是增加了企业正向的可操纵性应计盈余，从而达到增加企业短期绩效的目的。基于上述分析，提出本章的第一个假设：

H5.1a 上市公司当期确认的合并商誉增加了企业的盈余管理程度。

H5.1b 上市公司当期确认的合并商誉与企业正向的应计盈余显著地正相关。

根据我国现行会计准则，"非同一控制下的企业合并中，购买方对合并成本大于合并中取得的被购买方可辨认净资产公允价值份额的差额，应当确认为商誉"，因此合并对价对于商誉的估值和确认是至关重要的，同时又由于上市公司可以发行股份为合并对价的交易制度的兴起，使得股权支付方式对合并商誉的会计信息质量产生了重要的影响。在以现金支付的上市公司并购交易中，由于并购需要收购方有充足的资金支持，会降低收购方企业并购后的现金持有，如果并购后业绩不理想，容易对企业造成业绩打击和流动性紧缺，因此收购方可以接受的并购溢价是有限的，此种货真价实的交易下的合并商誉价值尚且具有一定的可靠性。但是股权支付方式在近年来并购中被广泛运用，并购交易双方可以通过高溢价股权支付蓄意高估并购对价，确认巨额合并商誉，来推高企业短期市场价值，操纵企业短期绩效。孟文静（2013）以 2008—2010 年间发生并购的 103 家（其中现金支付 85 家，股票支付 18 家）中小板上市公司作为样本，研究并购支付方式对合并商誉价值相关性的影响，结果发现以股权支付方式并购的标的资产相较于现金支付评估增值率较高，合并商誉的价值相关性较小。谢纪刚和张秋生（2013）以 2007—2012 年 A 股中小板公司非同一控制下并购为样本，研究同样发现了以股权支付方式的标的评估增值率显著高于现金支付标的评估增值率，且基于收益法估计的预测收益显著高于实际收益，因此股份支付交易制度使得标的资产定价虚高，从而导致了商誉的高估。代颖娜（2017）以奥瑞德公司为例研究借壳上市中的巨额商誉问题，研究发现股权支付和收益法估价的采用以及 R&D 资本化条件严格等都会导致商誉被严重高估，产生巨额商誉，为企业带来财务风险。结合本章第一个假设，合并商誉的增加会增加企业当期的盈余管理程度，而股权支付方式又会使得合并商誉被高估，因此本文认为股权支付对于合并商誉导致的正向的盈余管理行为及其盈余管理程度能起到推波助澜的作用，即，股权支付方式对于合并商誉与盈余管理的关系具有显著的正向调节作用。基于上述分析，提出本章的第二个假设：

H5.2 股权支付方式对于企业当期确认的合并商誉对盈余管理的影响具有正向的调节作用，股权支付方式下，企业更易于利用合并商誉进行盈余管理。

根据本文前述研究结论，企业当期确认的合并商誉仅仅只对企业当期绩效具有积极影响，而对企业长期绩效没有积极影响，合并商誉的超额收益本质遭到质疑，且根据本章上述的理论推导，合并商誉确认的过程是企业盈余管理的一种手段，结合股权支付方式，在并购当期蓄意高并购对价，而确认巨额商誉，从而达到增加企业短期绩效的目的，因此盈余管理在合并商誉对企业绩效的影响中，存在部分中介效应。张自巧和葛伟杰（2013）以 2008—2010 年采用股权支付并购的上市公司为样本，研究了并购支付方式、盈余管理和企业并购绩效的关系，研究发现企业在并购前期及当期均存在显著的正向盈余管理行为，且股权支付是其正向盈余管理产生的原因之一，盈余管理对企业并购一年后绩效的下降具有一定解释力度。赵息和宫旭（2014）以沪市 2010—2012 年发生并购的公司为样本，对并购前后盈余管理以及并购绩效关系进行了研究，研究结果发现在并购前一年以及并购当期及后一年中，企业的绩效与盈余管理的变化高度相关，并且成正相关关系，企业在并购过程中的绩效提高可能是由于盈余管理的结果，由此推测并购并未给企业带来真正的绩效改善。王锦（2016）以我国制造业 2013 年发生并购活动的上市公司为研究对象，研究并购中的盈余管理行为，研究发现并购活动会引发盈余管理行为，并且在并购前一年及当年并购方会进行正向的盈余管理，这种盈余管理能在一定程度上解释并购后企业绩效不升反降的现象。综上所述，本文认为合并商誉的估值和确认是企业并购中盈余管理的手段之一，且主要是进行正向的盈余管理，而盈余管理与企业并购的绩效具有很强的相关性，因此，本文认为，在上一章的实证结果：企业当期确认的合并商誉对企业当期绩效的积极影响中有相当一部分是正向盈余管理的结果，即盈余管理在合并商誉对企业绩效的积极影响中起到了部分中介效应。基于上述分析，提出本章第三个假设：

H5.3 盈余管理在企业当期确认的合并商誉对当期企业绩效的积极影响中具有部分中介效应。

第三节　研究设计

一、数据来源及样本选择

本文选取我国 A 股市场 2007—2016 年上市公司为样本，数据均来自 wind 数据库。选取披露了合并商誉的公司，删除缺失值，剔除金融行业及 ST* 类上市公司，为消除极端值影响，本文对所有变量进行上下 1% 分位缩尾（Winsorize）处理，最终得到 8644 个观测值。

二、变量定义

（一）因变量

企业的绩效指标同上章，使用 ROA 以及 Tobin's Q 值来衡量。企业的盈余管理是指管理层利用会计政策、方法或者安排真实交易改变财务报告结果的行为，对应的主要为两大类盈余管理：应计盈余管理和真实盈余管理。时至今日，修正琼斯模型（Dechow et al., 1995）仍不失为一种较好的盈余管理程度的度量模型，因此本文选择 DA 作为企业盈余管理程度的代理变量，首先运用分行业分年度的数据对模型（1）进行回归，拟合系数，然后将其带入模型（2）计算可操控性应计利润。其中，TAC 为总应计利润，等于净利润减去经营活动现金流量；TA 为总资产；$\Delta Sales$ 为销售收入变化量；PPE 为固定资产原值；ΔAR 为应收账款变化量。

$$\frac{TAC_t}{TA_{t-1}} = \alpha_0\left(\frac{1}{TA_{t-1}}\right) + \alpha_1\left(\frac{\Delta Sales_t}{TA_{t-1}}\right) + \alpha_2\left(\frac{PPE_t}{TA_{t-1}}\right) + \varepsilon_t \tag{5-1}$$

$$DA_t = \frac{TAC_t}{TA_{t-1}} - \hat{\alpha_0}\left(\frac{1}{TA_{t-1}}\right) - \hat{\alpha_1}\left(\frac{\Delta Sales_t - \Delta AR_t}{TA_{t-1}}\right) - \hat{\alpha_2}\left(\frac{PPE_t}{TA_{t-1}}\right) \tag{5-2}$$

（二）解释变量

在本文上一章对合并商誉与企业绩效的研究中，将其分为两部分（动态时期数和静态的时点数）：第一部分为当期确认的商誉：为期末商誉余额加上商誉减值损失减去期初商誉余额，剔除掉该值为负（当期商誉减少或者注销）与零（当期商誉没有变化）的观测值，并除以总资产标准化（ΔGw_a），来作为当期确认的合并商誉（时期数）。第二部分为商誉的账面价值，即为财务报表中当期期末商誉净额，并除以总资产标准化（Gw_a），以此作为商誉账面价值（时点数）。但在本章中，着重考察合并商誉的增量对企业绩效及盈余管理的影响，因此主要解释变量为当期确认的合并商誉（ΔGw_a），商誉的账面价值（Gw_a）作为控制变量。

根据已有研究文献，本文考虑了企业的成长性（营业收入增长率Growth）、债务契约（资产负债率Debt）、管理层声誉激励（CEO是否变更CEOchg）、股权集中度（前十大股东持股比例Largest10）、产权性质（是否为国企State）、外部监督（审计质量Audit4以及独董比例Outer）、公司规模（Size）、公司上市年限（Age）以及行业（Industry）年份（Year）等控制变量。

三、模型构建

根据上述理论推导及变量选取，为了研究上市公司合并商誉增加对盈余管理的影响，以及盈余管理的中介效应，本章构建了如下模型：

$$EM_t = \beta_1 + \beta_2 \Delta Gw\_a + \beta_3 ROA + \beta_4 Growth + \beta_5 Debt + \beta_6 CEOchg + \beta_7 Largest10 + \beta_8 State + \beta_9 Audit4 + \beta_{10} Outer + \beta_{11} Gw\_a + \beta_{12} Size + \beta_{13} Age + \beta_{14} Industry + \beta_{15} Year \quad (5-3)$$

$$EM_t = \beta_1 + \beta_2 \Delta Gw\_a + \beta_3 stockpayment + \beta_4 Stockpayment \times \Delta Gw\_a + \beta_5 ROA + \beta_6 Growth + \beta_7 Debt + \beta_8 CEOchg + \beta_9 Largest10 + \beta_{10} State + \beta_{11} Audit4 + \beta_{12} Outer + \beta_{13} Gw\_a + \beta_{14} Size + \beta_{15} Age + \beta_{16} Industry + \beta_{17} Year \quad (5-4)$$

$$ROA_t = \beta_1 + \beta_2 \Delta Gw\_a + \beta_3 Growth + \beta_4 Debt + \beta_5 CEOchg + \beta_6 Largest10 + \beta_7 State + \beta_8 Audit4 + \beta_9 Outer + \beta_{10} Gw\_a + \beta_{11} Size + \beta_{12} Age + \beta_{13} Industry + \beta_{14} Year \quad (5-5)$$

$$PDA_t = \beta_1 + \beta_2 \Delta Gw\_a + \beta_3 Growth + \beta_4 Debt + \beta_5 CEOchg + \beta_6 Largest10 + \beta_7 State + \beta_8 Audit4 + \beta_9 Outer + \beta_{10} Gw\_a + \beta_{11} Size + \beta_{12} Age + \beta_{13} Industry + \beta_{14} Year \quad (5-6)$$

$$ROA_t = \beta_1 + \beta_2 \Delta Gw\_a + \beta_3 PDA + \beta_4 Growth + \beta_5 Debt + \beta_6 CEOchg + \beta_7 Largest10 + \beta_8 State + \beta_9 Audit4 + \beta_{10} Outer + \beta_{11} Gw\_a + \beta_{12} Size + \beta_{13} Age + \beta_{14} Industry + \beta_{15} Year \quad (5-7)$$

$$Tobin'sQ_t = \beta_1 + \beta_2 \Delta Gw\_a + \beta_3 Growth + \beta_4 Debt + \beta_5 CEOchg + \beta_6 Largest10 + \beta_7 State + \beta_8 Audit4 + \beta_9 Outer + \beta_{10} Gw\_a + \beta_{11} Size + \beta_{12} Age + \beta_{13} Industry + \beta_{14} Year \quad (5-8)$$

$$PDA_t = \beta_1 + \beta_2 \Delta Gw\_a + \beta_3 Growth + \beta_4 Debt + \beta_5 CEOchg + \beta_6 Largest10 + \beta_7 State + \beta_8 Audit4 + \beta_9 Outer + \beta_{10} Gw\_a + \beta_{11} Size + \beta_{12} Age + \beta_{13} Industry + \beta_{14} Year \quad (5-9)$$

$$Tobin'sQ_t = \beta_1 + \beta_2 \Delta Gw\_a + \beta_3 PDA + \beta_4 Growth + \beta_5 Debt + \beta_6 CEOchg + \beta_7 Largest10 + \beta_8 State + \beta_9 Audit4 + \beta_{10} Outer + \beta_{11} Gw\_a + \beta_{12} Size + \beta_{13} Age + \beta_{14} Industry + \beta_{15} Year \quad (5-10)$$

表 5-1　主要变量名称及说明

变量类型	变量名称	变量名称	变量定义
因变量	盈余管理（EM）	DA	根据修正琼斯模型计算可操控性应计盈余 DA
		AbsDA	将 DA 取绝对值得到 AbsDA，作为盈余管理程度的度量指标
		PDA	当 DA 大于 0，取该 DA 值为 PDA，作为正向盈余管理的度量指标
		NegDA	当 DA 小于 0，取该 DA 值为 NDA，作为负向盈余管理的度量指标
解释变量	资产收益率	ROA	净利润除以总资产
	Tobin's Q 值	Tobin's Q	企业市价 / 企业的重置成本
	当期确认的合并商誉	ΔGw_a	（年末商誉余额 - 年初商誉余额 + 商誉减值损失）/ 年初总资产
控制变量	营业收入增长率	Growth	本年营业收入增加额比上年营业收入额
	资产负债率	Debt	上市公司期末总负债除以总资产
	CEO 是否变更	CEOChg	虚拟变量，发生变更取 1，否则为 0
	股权集中度	Largest10	前十大股东持股比例
	产权性质	State	虚拟变量，国企取 1，非国企为 0
	四大审计	Audit4	虚拟变量，上市公司聘请四大会计师事务所取 1，否则为 0
	独立董事比例	Outer	独立董事人数占董事会人数比例
	公司规模	Size	年末总资产取对数
	公司上市年数	Age	上市公司自上市至研究年度时间取自然对数
	年度	Year	年度虚拟变量
	行业	Industry	行业虚拟变量
调节变量	当期商誉账面价值	Gw_a	资产负债表中期末商誉净额 / 总资产
	股权支付	Stockpayment	虚拟变量，企业当期并购采用股权支付取 1，其他为 0

第四节　描述性统计分析

表 5-2　描述性统计分析结果

变量	观测值	最小值	最大值	均值	中位数	标准差
DA	8644	-0.286	0.406	0.0393	0.0368	0.102
AbsDA	8644	0.0218	0.406	0.0787	0.0567	0.0756
PDA	8644	0	0.406	0.0590	0.0368	0.0756
NegDA	8644	-0.286	0	-0.0197	0	0.0482
ROA	8644	-0.106	0.200	0.0460	0.0401	0.0478
Tobin's Q	8644	0.166	15.23	2.40	1.775	2.130
Gw_a	8644	0	0.842	0.0371	0.0582	0.0810
ΔGw_a	2163	0	0.441	0.0111	0.0013	0.0484
Growth	8644	-0.456	1.888	0.195	0.135	0.349
Debt	8644	0.0559	0.885	0.449	0.450	0.207
CEOChg	8644	0	1	0.240	0	0.399
Largest10	8644	0	1	0.350	0	0.477
State	8644	0	1	0.0731	0	0.260
Audit4	8644	0.219	1	0.581	0.591	0.149
Outer	8644	0	0.667	0.370	0.333	0.0593
Size	8644	10.84221	28.50877	21.43	21.34	1.498
Age	8644	0	3.296	2.015	2.303	0.885
Stockpayment	8644	0	1	0.0581	0	0.234

表 5-2 报告了主要变量的描述性统计分析。由表 5-2 可知，在所选样本中的可操控性应计盈余（DA）均值为 0.0393，中位数为 0.0368，最小值为 -0.286，最大值为 0.406。从均值来看，接近于 ROA 的均值，且最大值比 ROA 最大值更大，在所选样本中，企业的盈余管理行为是普遍的，且可能对企业的绩效具有一定的解释力度。而衡量盈余管理程度的 DA 的绝对值 AbsDA 的均值为 0.0787，中位数为 0.0567，均大于 ROA，可见，在披露了合并商誉的上市公司中，盈余管理的程度较高，甚至大于企业绩效的均值。正向的盈余管理 PDA，均值为 0.0590，中位数为 0.0368，正向盈余管理的均值仍然大于 ROA，说明在所选样本中，企业进行了较大程度的正向的盈余管理。负向盈余管理 NegDA 的均值为 -0.0197，中位数为 0，对比 PDA 和 NegDA 均值的绝对值，可知 PDA 均值的绝对值要大于 NegDA 均值的绝对值，因此，可以推断，在所选样本的企业中，进行正向盈余管理的程度大于负向的盈余管理。一定程度上符合本章的推导，企业倾向于利用合并商誉来进行正向的盈余管理从而增加企业短期绩效，但是描述性分析结果并不足以说明二者的关

系，仍需对其进行回归分析才能进一步验证本文的假设推导。ROA 的均值为 0.0460，中位数为 0.0401，最大值为 0.200，最小值为 -0.106。Tobin'sQ 值的均值为 2.40，中位数为 1.775，最大值为 15.23，最小值为 0.166。主要解释变量 ΔGw_a 的均值为 0.0111，最大值为 0.441。其余控制变量 Growth 的均值为 0.195，Debt 的均值为 0.449，CEOchg 的均值为 0.240，State 的均值为 0.350，Audit4 的均值为 0.0731，Largest10 的均值为 0.581，Outer 的均值为 0.370，Gw_a 的均值为 0.0371，Size 的均值为 21.43，Age 的均值为 2.015，调节变量 Stockpayment 的均值为 0.0581。

第五节　实证结果分析

表 5-3　合并商誉与盈余管理

	（1） DA	（2） AbsDA	（3） PDA	（4） NegDA
ΔGw_a	0.00471	0.00720**	0.00596**	-0.00115
	（1.11）	（2.27）	（1.89）	（-0.57）
ROA	0.475***	0.206***	0.345***	0.129***
	（15.52）	（9.03）	（15.10）	（9.06）
Growth	0.00732**	0.0212***	0.0139***	-0.00655***
	（2.20）	（8.51）	（5.59）	（-4.16）
Debt	0.000413	0.0626***	0.0315***	-0.0309***
	（0.05）	（9.63）	（4.79）	（-7.67）
CEOchg	-0.00283	-0.00447**	-0.00367*	0.000800
	（-1.08）	（-2.28）	（-1.88）	（0.64）
Audit4	-0.0335***	-0.0134***	-0.0237***	-0.00962***
	（-4.96）	（-2.68）	（-4.63）	（-3.19）
State	-0.0111***	-0.00414	-0.00759***	-0.00332**
	（-3.08）	（-1.56）	（-2.79）	（-2.06）
Largest10	0.0334***	0.0468***	0.0409***	-0.00683
	（3.65）	（6.86）	（5.93）	（-1.63）

续　表

Outer	0.0457***	-0.0209***	0.0123**	0.0338***
	（6.46）	（-3.99）	（2.30）	（10.60）
Gw_a	-0.0562***	-0.0382***	-0.0468***	-0.00840
	（-3.54）	（-3.23）	（-3.94）	（-1.13）
Size	-0.00000524	-0.00952***	-0.00472***	0.00462***
	（-0.00）	（-8.50）	（-4.17）	（6.67）
Age	0.0218***	0.0135***	0.0177***	0.00401**
	（6.25）	（5.20）	（6.79）	（2.46）
Industry	控制			
Year	控制			
_Cons	-0.0244	0.149***	0.0611***	-0.0849***
	（-1.34）	（10.99）	（4.45）	（-10.21）
N	8277	8277	8277	8277
r2_w	0.0663	0.0435	0.0692	0.0290

注：回归系数下方括号内是标准差，***、** 和 * 分别表示通过显著水平为 1%、5% 以及 10% 的检验

表 5-3 报告了合并商誉与盈余管理的回归结果。从表 5-3 可知，企业当期确认的合并商（ΔGw_a）与企业可操控性应计盈余（DA）和负向盈余管理（NegDA）没有显著的关系，而与盈余管理程度（AbsDA）以及正向的盈余管理（PDA）都具有显著的正相关关系。由此可见，企业在合并商誉的初始计量过程中，的确存在盈余管理行为，增加了企业的盈余管理程度。同时，企业当期确认计量的合并商誉价值主要导致了企业正向的可操纵性应计盈余的增加。这支持了本章的第一个假设，企业当期确认的合并商誉增加了企业的正向盈余管理以及盈余管理程度。可以推测现行准则下的合并商誉确实有被高估的成分，包含了相当一部分不属于"核心商誉"的估值，也可以解释为何在上一章的实证结果中，合并商誉并未给企业带来超额收益。资产负债率与盈余管理昂著地正相关，企业债务压力越大，越具有动机进行盈余管理。此外，CEO 变更与正向盈余管理以及盈余管理程度显著负相关，在 CEO 变更当期，更少进行正向的盈余管理。国有企业产权性质与四大审计对盈余管理均具有显著的负相关关系，国企产权性质与四大审计对盈余管理行为具有一定程度的抑制作用。为了进一步检验股权支付方式对于合并商誉与盈余管理的调节作用，本文使用股权支付方式与企业当期确认的合并商誉构造交互项，进行了回归分析，结果如下：

表 5-4　股权支付方式的调节作用

	（1）DA	（2）AbsDA	（3）PDA	（4）NegDA
ΔGw_a	0.00433	0.00691**	0.00562*	-0.00120
	（1.02）	（2.17）	（1.78）	（-0.60）
Stockpayment	0.0175	-0.00404	0.00677	0.0103**
	（1.62）	（-0.50）	（0.84）	（2.01）
Stock&Δgw_a	0.205**	0.155**	0.181**	0.0265
	（2.14）	（2.17）	（2.52）	（0.59）
ROA	0.477***	0.207***	0.346***	0.130***
	（15.59）	（9.06）	（15.16）	（9.11）
Growth	0.00728**	0.0211***	0.0138***	-0.00655***
	（2.19）	（8.48）	（5.57）	（-4.16）
Debt	0.000379	0.0625***	0.0314***	-0.0309***
	（0.04）	（9.60）	（4.78）	（-7.65）
CEOchg	-0.00277	-0.00441**	-0.00361*	0.000801
	（-1.05）	（-2.25）	（-1.85）	（0.64）
Audit4	-0.0337***	-0.0135***	-0.0239***	-0.00965***
	（-4.99）	（-2.71）	（-4.67）	（-3.20）
State	-0.0109***	-0.00407	-0.00749***	-0.00329**
	（-3.05）	（-1.53）	（-2.76）	（-2.04）
Largest10	0.0339***	0.0470***	0.0413***	-0.00668
	（3.70）	（6.90）	（5.99）	（-1.59）
Outer	0.0462***	-0.0207***	0.0127**	0.0340***
	（6.55）	（-3.94）	（2.38）	（10.64）
Gw_a	-0.0000580	-0.00948***	-0.00473***	0.00458***
	（-0.04）	（-8.47）	（-4.18）	（6.62）

续　表

Size	0.0218***	0.0135***	0.0177***	0.00402**
	（6.26）	（5.19）	（6.80）	（2.46）
Age	-0.0560***	-0.0382***	-0.0467***	-0.00830
	（-3.53）	（-3.22）	（-3.93）	（-1.12）
Industry	控制			
Year	控制			
_Cons	-0.0247	0.148***	0.0605***	-0.0848***
	（-1.36）	（10.93）	（4.42）	（-10.19）
N	8277	8277	8277	8277
r2_w	0.0672	0.0442	0.0700	0.0299

注：回归系数下方括号内是标准差，***、** 和 * 分别表示通过显著水平为 1%、5% 以及 10% 的检验

表 5-4 报告了股权支付方式的调节作用的回归结果。从表 5-4 可知，股权支付方式（Stockpayment）与企业当期确认的合并商誉（ΔGw_a）的交互项与盈余管理（DA）、盈余管理程度（AbsDA）以及正向的盈余管理（PDA）均具有显著的正相关关系。即股权支付方式对于合并商誉对企业盈余管理程度的影响具有显著的正向调节作用，股权支付方式的运用会增加合并商誉估值所致的盈余管理程度，尤其是正向的盈余管理程度，这支持了本章的假设 5.2。股权支付方式在并购中的运用，解放了现金支付下由于流动性受限所制约的合并对价的估值，使得并购评估增值率虚高，并购双方有倾向达成协议，贵买贵卖，高估并购对价，形成利益输送，确认巨额商誉。股权支付方式进一步增加了合并商誉会计信息中的泡沫含量，降低了合并商誉的会计信息质量，监管部门与投资者应注意甄别现金支付与股权支付方式下合并商誉以及企业短期绩效的会计信息质量差异。根据上述研究结论，企业当期确认的合并商誉增加了企业的正向盈余管理程度，同时股权支付方式对上述关系具有正向的调节作用。据此可以推测，在前一章对合并商誉与企业绩效关系的研究中，企业当期确认的合并商誉对于企业当期绩效的积极作用有一部分是企业盈余管理的结果，即盈余管理在合并商誉对企业绩效的影响中具有中介效应。为了进一步验证假设 5.3，本文对其进行了如下回归：

表 5-5　盈余管理的中介效应

	（1）	（2）	（3）	（4）	（5）	（6）
	ROA	PDA	ROA	Tobin' sQ	PDA	Tobin' sQ
ΔGw_a	0.00250**	0.00653**	0.00123	0.174**	0.00653**	0.00118
	（1.79）	（2.04）	（0.89）	（2.02）	（2.04）	（0.57）
PDA			0.0846***			0.521***
			（17.62）			（72.41）

Growth	0.0267***	0.0235***	0.0251***	0.0782	0.0235***	0.0148***
	(24.56)	(9.63)	(23.49)	(1.10)	(9.63)	(-9.22)
Debt	-0.0960***	-0.00385	-0.0944***	0.420*	-0.00385	-0.0598***
	(-29.38)	(-0.63)	(-29.22)	(1.90)	(-0.63)	(13.30)
CEOchg	0.000219	-0.00354*	0.000534	-0.0276	-0.00354*	-0.00133
	(0.25)	(-1.78)	(0.63)	(-0.49)	(-1.78)	(-1.04)
Audit4	0.0120***	-0.0203***	0.0143***	0.729**	-0.0203***	0.0212***
	(3.54)	(-4.04)	(4.21)	(2.46)	(-4.04)	(-5.01)
State	0.00220	-0.00734***	0.00292*	-0.0488	-0.00734***	0.0106***
	(1.25)	(-2.74)	(1.65)	(-0.36)	(-2.74)	(-4.79)
Largest10	0.0455***	0.0530***	0.0393***	0.718***	0.0530***	0.0365***
	(12.35)	(7.78)	(10.74)	(2.84)	(7.78)	(-7.20)
Outer	-0.00471	0.0101*	-0.00517	0.0784	0.0101*	-0.0158***
	(-1.46)	(1.91)	(-1.61)	(0.31)	(1.91)	(-3.76)
Size	0.00294***	-0.00298***	0.00292***	-0.215***	-0.00298***	-0.000253
	(4.88)	(-2.66)	(4.89)	(-5.04)	(-2.66)	(-0.31)
Age	-0.0125***	0.0130***	-0.0136***	0.785	0.0130***	0.00777***
	(-9.75)	(5.01)	(-10.74)	(0.22)	(5.01)	(4.31)
Gw_a	-0.0615***	-0.0726***	-0.0560***	-1.075***	-0.0726***	-0.0493***
	(-10.27)	(-6.14)	(-9.62)	(-2.75)	(-6.14)	(5.95)
Industry	控制					
Year	控制					
_Cons	0.0230***	0.0636***	0.0212***	-0.0954	0.0636***	-0.0613***
	(3.01)	(4.66)	(2.80)	(-0.17)	(4.66)	(-5.95)
N	8277	8277	8277	8277	8277	8277
r2_w	0.167	0.0238	0.208	0.0538	0.0238	0.401

注：回归系数下方括号内是标准差，***、**和*分别表示通过显著水平为1%、5%以及10%的检验

表 5-5 报告了盈余管理在合并商誉对企业绩效影响中的中介效应回归结果。根据 Bron 和 Kenny（1986）以及温忠麟等（2004）的中介效应检验方法，本文对盈余管理的中介效应进行逐步检验。首先，根据表 6.5 可知，方程 1 和 4 中，企业当期确认的合并商誉（ΔGw_a）对于企业当期绩效的系数是显著为正的，且在企业当期确认的合并商誉（ΔGw_a）与盈余管理的回归方程 2 和 5 中，ΔGw_a 的系数同样是显著为正的。最后在加入了盈余管理作为中介变量的方程 3 和 6 中，盈余管理（PDA）的系数仍然是显著为正的，且当期确认的合并商誉（ΔGw_a）系数则变得不显著。因此，通过上述回归可知，盈余管理，尤其是正向的盈余管理，在企业当期确认的合并商誉对企业绩效的作用中具有部分中介效应，即企业当期确认的合并商誉对于企业当期绩效的积极影响，相当程度上是通过正向盈余管理来实现的，而非企业绩效本质上的改善。这支持了本章的假设 5.3，同时一定程度上解释了在上一章中，为什么合并商誉的增加没有为企业带来超额收益，且其对企业绩效的积极影响并不持久，仅仅只对企业当期的绩效产生了积极作用，而对于企业长期的绩效却无提升。现行准则下确认计量的合并商誉更多是企业利用并购，结合股权支付方式，进行盈余管理的一种合并价差。

第六节 稳健性检验与内生性处理

由于盈余管理因变量是一个估计值，稳健性极大地受到估计方法的影响。虽然修正琼斯模型在琼斯模型的基础上矫正了信用销售因素对非操控性应计盈余的影响，但二者都没有考虑到无形资产和其他长期资产对非操控性应计利润的影响，由于无形资产的摊销也应算作是非操控性应计利润，因此如果不考虑无形资产的因素，会使得修正琼斯模型低估非操控性应计利润，也即高估操控性应计利润，从而高估企业的盈余管理程度。因此，我们参考陆建桥（1999）采用更为严格的盈余管理程度的估计模型，在修正琼斯模型的基础上加入无形资产变量，其中，$FA_t=PPE_t$，即为公司第 t 年的固定资产；IA_t 公司第 t 年的无形资产：

$$\frac{TAC_t}{TA_{t-1}} = \alpha_0\left(\frac{1}{TA_{t-1}}\right) + \alpha_1\left(\frac{\Delta Sales_t}{TA_{t-1}}\right) + \alpha_2\left(\frac{FA_t}{TA_{t-1}}\right) + \alpha_3\left(\frac{IA_t}{TA_{t-1}}\right) + \varepsilon_t \quad (5\text{-}11)$$

$$NDA_t = \frac{TAC_t}{TA_{t-1}} - \hat{\alpha_0}\left(\frac{1}{TA_{t-1}}\right) - \hat{\alpha_1}\left(\frac{\Delta Sales_t - \Delta AR_t}{TA_{t-1}}\right) - \hat{\alpha_2}\left(\frac{FA_t}{TA_{t-1}}\right) - \hat{\alpha_3}\left(\frac{IA_t}{TA_{t-1}}\right) \quad (5\text{-}12)$$

同样地，在 NDA 的基础上，对其取绝对值，得到盈余管理的程度（AbsNDA），在对其取大于 0 的 NDA 得到正向的盈余管理（PNDA），取其小于 0 的 NDA 得到负向的盈余管理（NegNDA），再对其进行回归分析，得到如下结果：

表 5-6 稳健性检验 1

	(1) NDA	(2) AbsNDA	(3) PNDA	(4) NegNDA
Δ Gw_a	0.0103**	0.00678**	0.00883***	0.00175
	(2.27)	(2.04)	(3.41)	(0.58)
ROA	0.599***	-0.0628***	0.273***	0.322***
	(17.76)	(-2.60)	(14.09)	(14.59)
Growth	0.0316***	0.0221***	0.0265***	0.00561**
	(8.80)	(8.47)	(12.93)	(2.35)
Debt	-0.0000109	0.0883***	0.0440***	-0.0437***
	(-0.00)	(12.67)	(7.66)	(-6.85)
CEOchg	-0.00149	-0.00317	-0.00239	0.000796
	(-0.53)	(-1.54)	(-1.50)	(0.42)
Audit4	-0.0450***	0.00528	-0.0203***	-0.0244***
	(-5.45)	(0.96)	(-4.18)	(-4.82)
State	-0.0259***	0.00502*	-0.0103***	-0.0153***
	(-5.95)	(1.72)	(-4.03)	(-5.71)
Largest10	0.0114	0.0396***	0.0276***	-0.0143**
	(1.09)	(5.40)	(4.52)	(-2.14)
Outer	-0.0214**	-0.0242***	-0.0223***	0.00190
	(-2.55)	(-4.25)	(-4.54)	(0.36)
Size	0.00700***	-0.0102***	-0.00152	0.00839***
	(4.06)	(-8.52)	(-1.52)	(7.61)
Age	0.00632*	0.00963***	0.00776***	-0.00183
	(1.65)	(3.50)	(3.51)	(-0.73)
Gw_a	0.000234	-0.0375***	-0.0174*	0.0189*
	(0.01)	(-2.98)	(-1.71)	(1.65)
Industry	控制			

续　表

Year	控制			
_Cons	-0.139***	0.170***	0.0124	-0.152***
	（-6.61）	（11.64）	（1.01）	（-11.35）
N	8277	8277	8277	8277
r2_w	0.0680	0.0251	0.0662	0.0436

注：回归系数下方括号内是标准差，***、** 和 * 分别表示通过显著水平为 1%、5% 以及 10% 的检验

表 5-7　稳健性检验 2

	（1）	（2）	（3）	（4）
	NDA	AbsNDA	PNDA	NegNDA
ΔGw_a	0.0102**	0.00675**	0.00874***	0.00169
	（2.24）	（2.03）	（3.37）	（0.56）
Stockpayment	0.0381	0.00403	0.0205	0.0171
	（3.32）	（0.48）	（3.14）	（2.22）
Stock&Δgw_a	0.0910***	0.0171**	0.0576***	0.0372
	（0.86）	（0.23）	（0.95）	（0.54）
ROA	0.602***	-0.0625***	0.274***	0.323***
	（17.85）	（-2.58）	（14.18）	（14.65）
Growth	0.0315***	0.0221***	0.0265***	0.00560**
	（8.79）	（8.46）	（12.93）	（2.35）
Debt	0.000314	0.0884***	0.0442***	-0.0436***
	（0.03）	（12.66）	（7.69）	（-6.83）
CEOchg	-0.00150	-0.00317	-0.00239	0.000794
	（-0.53）	（-1.54）	（-1.50）	（0.42）
Audit4	-0.0451***	0.00526	-0.0204***	-0.0244***
	（-5.46）	（0.96）	（-4.19）	（-4.82）
State	-0.0258***	0.00503*	-0.0103***	-0.0153***
	（-5.93）	（1.72）	（-4.00）	（-5.69）
Largest10	0.0118	0.0397***	0.0279***	-0.0142**
	（1.12）	（5.41）	（4.56）	（-2.11）

续　表

Outer	-0.0208**	-0.0242***	-0.0220***	0.00214
	（-2.48）	（-4.23）	（-4.47）	（0.41）
Size	0.00685***	-0.0103***	-0.00159	0.00832***
	（3.98）	（-8.52）	（-1.60）	（7.55）
Age	0.00637*	0.00963***	0.00778***	-0.00181
	（1.66）	（3.50）	（3.53）	（-0.72）
Gw_a	0.000517	-0.0374***	-0.0172*	0.0191*
	（0.03）	（-2.97）	（-1.69）	（1.66）
Industry	控制			
Year	控制			
_Cons	-0.139***	0.170***	0.0127***	-0.152
	（-6.58）	（11.63）	（1.04）	（-11.33）
N	8277	8277	8277	8277
r2_w	0.0698	0.0251	0.0678	0.0445

注：回归系数下方括号内是标准差，***、**和*分别表示通过显著水平为1%、5%以及10%的检验

表5-6和表5-7报告了替换修正琼斯模型为扩展琼斯模型的稳健性检验回归结果。从表5-6可知，企业当期确认的合并商誉（ΔGw_a）与NDA、AbsNDA、PNDA均具有显著的正相关关系。这与本章原方程的回归结果一致。同样，在以股权支付方式（Stockpayment）与ΔGw_a构造的交互项回归中，股权支付方式对企业当期确认的合并商誉与企业绩效的关系仍然具有显著的正向调节作用，即股权支付方式增加了企业利用合并商誉的确认计量进行盈余管理的程度，尤其是正向的盈余管理程度，这也与原方程的回归结果一致。

表5-8　稳健性检验3

	（1） ROA	（2） PNDA	（3） ROA	（4） Tobin'sQ	（5） PNDA	（6） Tobin'sQ
ΔGw_a	0.00250**	0.00926***	0.000895	0.174**	0.00926***	-0.000356
	（1.79）	（3.53）	（0.64）	（2.02）	（3.53）	（-0.16）
PNDA			0.0883***			0.528***
			（14.95）			（54.96）
Growth	0.0267***	0.0339***	0.0239***	0.0782	0.0339***	-0.0213***
	（24.56）	（16.89）	（21.94）	（1.10）	（16.89）	（-11.99）

续　表

Debt	-0.0960***	0.0167***	-0.0969***	0.420*	0.0167***	0.0477***
	（-29.38）	（3.07）	（-29.94）	（1.90）	（3.07）	（9.83）
COEchg	0.000219	-0.00232	0.000423	-0.0276	-0.00232	-0.00205
	（0.25）	（-1.44）	（0.50）	（-0.49）	（-1.44）	（-1.46）
Audit4	0.0120***	-0.0174***	0.0139***	0.729**	-0.0174***	0.0231***
	（3.54）	（-3.60）	（4.09）	（2.46）	（-3.60）	（-5.16）
State	0.00220	-0.0100***	0.00312*	-0.0488	-0.0100***	0.00895***
	（1.25）	（-3.91）	（1.77）	（-0.36）	（-3.91）	（-3.80）
Largest10	0.0455***	0.0388***	0.0416***	0.718***	0.0388***	0.0238***
	（12.35）	（6.38）	（11.36）	（2.84）	（6.38）	（-4.36）
Top4cen	-0.00471	-0.0240***	-0.00263	0.0784	-0.0240***	0.00131
	（-1.46）	（-4.89）	（-0.82）	（0.31）	（-4.89）	（0.29）
Size	0.00294***	-0.000364	0.00280***	-0.215***	-0.000364	0.00168*
	（4.88）	（-0.36）	（4.68）	（-5.04）	（-0.36）	（-1.88）
Age	-0.0125***	0.00433*	-0.0128***	0.785	0.00433*	0.0123***
	（-9.75）	（1.96）	（-10.08）	（0.22）	（1.96）	（6.30）
Gw_a	-0.0615***	-0.0367***	-0.0595***	-1.075***	-0.0367***	-0.0321***
	（-10.27）	（-3.61）	（-10.20）	（-2.75）	（-3.61）	（3.57）
Industry	控制					
Year	控制					
_Cons	0.0230***	0.0159	0.0238***	-0.0954	0.0159	-0.0377***
	（3.01）	（1.29）	（3.15）	（-0.17）	（1.29）	（-3.40）
N	8277	8277	8277	8277	8277	8277
r2_w	0.167	0.0366	0.194	0.0538	0.0366	0.271

注：回归系数下方括号内是标准差，***、** 和 * 分别表示通过显著水平为 1%、5% 以及 10% 的检验

表 5-8 报告了盈余管理中介效应的稳健性检验结果，从表 5-8 可知，即使替换了修正琼斯模型为扩展琼斯模型，回归结果仍然与原方程一致。首先，如方程 2 和 5 所示，企业当期确认的合并商誉（ΔGw_a）与正向的盈余管理（PNDA）有显著的正相关关系，即合并商誉的增加过程具有正向的盈余管理行为，增加了企业正向盈余管理的程度。其次，如方程 3 和 6 所示，在加入了盈余管理（PNDA）作为中介变量的回归中，原来与企业当期

绩效显著相关的合并商誉（ΔGw_a）的系数不再显著，同样与原回归保持一致。

在上述的实证分析中，本文仅选取披露了合并商誉的上市公司作为样本分析，但盈余管理的行为在上市公司中是普遍存在的，在研究二者关系时，要注意避免样本选择性偏误。因此，本文采用倾向得分匹配法（PSM），选取公司规模和资产负债率作为标准，对披露商誉和未披露商誉的上市公司进行一对一邻近匹配，成功匹配 3352 个观测值，再次对合并商誉与盈余管理以及股权支付方式的调节作用进行回归分析，得到如下回归结果：

表 5-9　PSM 样本配对法

	(1) AbsNDA	(2) AbsNDA	(3) AbsNDA	(4) PDA	(5) PDA	(6) PDA
_treated	0.006***			0.011***		
	(0.78)			(1.44)		
ΔGw_a		0.00891***	0.00865***		0.00735**	0.00706**
		(2.78)	(2.70)		(2.28)	(2.19)
Stockpayment			-0.00517			0.00460
			(-0.64)			(0.56)
Stockandp&Δgw_a			0.136*			0.153**
			(1.89)			(2.12)
ROA		-0.00150	-0.00150		-0.00575***	-0.00574***
		(-1.29)	(-1.28)		(-4.90)	(-4.90)
Growth		0.0285***	0.0285***		0.0253***	0.0253***
		(11.82)	(11.81)		(10.41)	(10.42)
Debt		0.0337***	0.0334***		-0.0103*	-0.0106*
		(5.65)	(5.61)		(-1.72)	(-1.76)
COEchg		-0.00439**	-0.00433**		-0.00361*	-0.00356*
		(-2.21)	(-2.19)		(-1.82)	(-1.79)
Audit4		-0.00808	-0.00817*		-0.0166***	-0.0167***
		(-1.64)	(-1.66)		(-3.31)	(-3.34)
State		-0.00539**	-0.00535**		-0.00867***	-0.00861***
		(-2.03)	(-2.01)		(-3.21)	(-3.19)
Largest10		0.0205***	0.0207***		0.0163**	0.0168**
		(2.82)	(2.84)		(2.22)	(2.28)

续　表

Outer	-0.0225***	-0.0223***		0.00972*	0.0100*	
	（-4.32）	（-4.28）		（1.84）	（1.90）	
Size	-0.00726***	-0.00722***		-0.00201*	-0.00200*	
	（-6.55）	（-6.51）		（-1.79）	（-1.79）	
Age	0.00794***	0.00792***		0.00835***	0.00832***	
	（2.97）	（2.97）		（3.10）	（3.10）	
Gw_a	-0.0513***	-0.0513***		-0.0683***	-0.0682***	
	（-4.32）	（-4.32）		（-5.71）	（-5.71）	
Industry	控制					
Year	控制					
_Cons	0.102***	0.164***	0.163***	0.072***	0.0824***	0.0820***
	（20.87）	（12.22）	（12.17）	（15.13）	（6.09）	（6.06）
N	9745	3352	3352	9745	3352	3352
r2_w	0.004	0.0174	0.0178	0.005	0.0183	0.0188

注：回归系数下方括号内是标准差，***、**和*分别表示通过显著水平为 1%、5% 以及 10% 的检验

表 5-9 报告了 PSM 样本匹配的回归结果。从表 5-9 可知，在考虑了样本选择性偏误后，上市公司当期确认的合并商誉（ΔGw_a）与企业的盈余管理程度（AbsDA）以及正向的盈余管理（PDA）仍然显著地呈正相关。同样，股权支付方式仍然对合并商誉与盈余管理的关系具有显著的正向调节作用。此外，除了样本选择性偏误，在考察盈余管理中介效应的分析中，由于合并商誉、盈余管理与企业绩效之间可能存在的互为因果关系且可能遗漏变量等内生性问题，本文采用工具变量法，对盈余管理中介效应的分析进行两阶段最小二乘法回归。由于商誉信息会显著受到同行业商誉估值的影响，具有显著的同行效应（傅超等，2015），然而每一个企业的绩效与盈余管理程度却较少受到行业均值的影响，符合外生性要求。同时借鉴徐经长等（2017）的研究，本文采用合并商誉的行业均值作为工具变量，对原方程进行两阶段最小二乘估计，回归结果如下：

表 5-10　两阶段最小二乘法

	（1）	（1）	（2）	（3）	（4）	（5）	（6）
	first	second	second	second	second	second	second
	ΔGw_a	ROA	PDA	ROA	Tobin'sQ	PDA	Tobin'sQ
ΔGw_mean	0.758***	0.0117**	0.0629***	0.00591	0.00888***	0.0629***	0.00855***
	（0.0439）	（2.17）	（5.99）	（1.11）	（7.42）	（5.99）	（7.14）

续 表

PDA				0.0927***			0.516***
				（14.72）			（3.65）
Growth	-0.00199	0.0269***	0.0285***	0.0243***	0.0728***	0.0285***	0.0581**
	（0.00950）	（23.44）	（12.79）	（21.23）	（2.86）	（12.79）	（2.26）
Debt	-0.0912**	-0.0896***	-0.00896	-0.0888***	-0.358***	-0.00896	-0.353***
	（0.0363）	（-20.40）	（-1.05）	（-20.54）	（-3.68）	（-1.05）	（-3.64）
CEOchg	-0.00192	0.000230	-0.00256	0.000467	0.00360	-0.00256	0.00493
	（0.00730）	（0.26）	（-1.49）	（0.54）	（0.18）	（-1.49）	（0.25）
Largest10	0.0806*	0.0436***	0.0643***	0.0377***	-0.550***	0.0643***	-0.583***
	（0.0420）	（8.61）	（6.54）	（7.54）	（-4.91）	（6.54）	（-5.19）
Outer	0.0374	0.00727	0.0104	0.00630	0.301**	0.0104	0.296**
	（0.0537）	（1.12）	（0.83）	（0.98）	（2.09）	（0.83）	（2.06）
Size	-0.00351	-0.00227**	0.00601***	-0.00283**	0.115***	0.00601***	0.112***
	（0.00813）	（-2.39）	（3.26）	（-3.02）	（5.46）	（3.26）	（5.32）
Age	0.0424***	-0.0215***	-0.0115***	-0.0204***	1.716***	-0.0115***	1.722***
	（0.0164）	（-10.93）	（-3.02）	（-10.55）	（39.42）	（-3.02）	（39.57）
Gw_a	-0.953***	-0.0292***	-0.0450***	-0.0250***	-0.620***	-0.0450***	-0.597***
	（0.0639）	（-3.76）	（-2.99）	（-3.28）	（-3.61）	（-2.99）	（-3.48）
Industry		控制					
Year		控制					
_Cons	-0.00870**	0.0309**	0.0611***	0.0512***	0.0309**	0.0636***	0.0613***
	（0.00662）	（2.38）	（4.45）	（6.22）	（2.38）	（4.66）	（5.95）
N	8, 014	8014	8014	8014	8, 014	8014	8014
r2_w	0.2031	0.0482	0.0911	0.2391	0.0786	0.0317	0.0786

注：回归系数下方括号内是标准差，***、** 和 * 分别表示通过显著水平为 1%、5% 以及 10% 的检验

表 5-10 报告了以企业当期确认的合并商誉（ΔGw_a）计算的行业均值（ΔGw_mean）作为工具变量的两阶段最小二乘回归结果。从表 5-10 可知，在第一阶段的回归结果中，企业当期确认的合并商誉的行业均值（ΔGw_mean）与原解释变量 ΔGw_a 显著地

正相关，因此可以作为工具变量进行第二阶段的回归分析。从第二阶段的回归结果可知，企业当期确认的合并商誉行业均值（△Gw_mean）与企业当期的绩效以及正向的盈余管理都具有显著的正相关关系，即企业当期确认的合并商誉行业均值显著增加了企业当期的绩效和盈余管理的程度。同样，在加入盈余管理作为中介变量的回归方程 3 和 6 中可知，盈余管理与企业绩效显著正相关，而工具变量企业当期确认的合并商誉行业均值（△Gw_mean）与 ROA 不再具有显著的相关性，与 Tobin's Q 虽然同样显著相关，但系数显著下降。因此盈余管理，尤其是正向的盈余管理活动（PDA）在企业当期确认的合并商誉行业均值与企业当期绩效的关系中仍然具有部分中介效应，即企业当期合并商誉的行业均值增加对企业绩效的积极影响一部分是通过盈余管理实现的，这也与原方程回归结果保持一致。

综上所述，在对所选样本进行稳健性检验后的实证结果仍然与原回归保持一致，并未产生本质差异，因此本文认为上述实证结果具有稳健性。

本章小结

在第四章中，本文对合并商誉与企业绩效的关系进行了研究分析，承接上一章的研究，本章进一步对于企业当期确认的合并商誉对于企业当期绩效的积极影响的作用机制进行了研究，以盈余管理作为中介变量，来解释企业当期确认的合并商誉对企业短期绩效的积极影响。本章主要得出如下结论：

企业合并商誉确认计量（增加）的过程中存在正向的盈余管理行为，企业当期所新增的合并商誉增加了企业当期盈余管理的程度，且又以正向的盈余管理更为显著。由此可知，现行会计准则下，合并商誉的产生，更多的是一个合并价差，也是企业在并购过程中进行盈余管理的一种重要手段。因此这种合并商誉包含诸多估值泡沫，没有相应地超额获利能力作为支撑。与合并商誉原有的超额收益本质并不相符。

股权支付方式对于企业合并商誉的增加与企业盈余管理的关系具有显著的正向调节作用。股权支付方式在并购活动中的广泛运用，使得企业在并购对价估值时候更少受到流动性的限制，合并商誉更容易被高估，从而进一步增加了合并商誉估值中的盈余管理行为，使得企业当期的盈余管理程度，尤其是正向的盈余管理程度更高。因此投资者和监管部门需要注意甄别股权支付下合并商誉的会计信息质量。

盈余管理在合并商誉增加对企业当期绩效的积极影响关系中起到部分中介效应。即企业当期确认的合并商誉对于企业当期绩效的提高作用有很大一部分是通过正向盈余管理来实现的。由于合并商誉的增加过程常常伴随企业的盈余管理行为，合并商誉俨然已成为企业并购当期进行正向盈余管理的一个绩效"调节阀"，企业通过盈余管理蓄意高估合并商誉来增加企业当期的绩效，但这种绩效的提升是短暂的。进一步验证本文关于现行会计准则下确认的合并商誉并未体现其超额收益本质，而更多的是一个"价差容器"的观点。

在下一章中，本文将进一步研究合并商誉对企业绩效的负面影响作用机制，即合并商誉中企业合并商誉的账面价值对绩效影响的作用机制进行探讨。

第六章　合并商誉对融资约束的影响
以及融资约束中介效应

第一节　问题提出

  根据本文前述的研究可知，合并商誉对企业绩效的影响分为两种，一种是当期确认的合并商誉对企业绩效的影响，具有短期的积极作用，而业已确认的合并商誉的账面价值对企业绩效的影响却是负面的，且不仅仅是对企业当期绩效存在负面影响，对于企业滞后一期的绩效这种负面影响仍然存在。因此，本章将进一步研究合并商誉账面价值对企业绩效的负面影响的形成机制。

  2018 年，医疗器械行业巨头迈瑞医疗由于商誉过高，不符合主板 IPO 的审核标准，而终止主板 IPO 改为创业板 IPO 的消息引起了市场的广泛关注。同样，2017 年 12 月，营收规模近 20 亿、净利润超 1 亿的公司溪地设计，因为"大额商誉无端减值"和"持续盈利能力成疑"在 IPO 审核中被否。根据《首发管理办法》，发行人最近一期末无形资产（扣除土地使用权、水面养殖权和采矿权等后）占净资产的比例不高于 20%。过去拟 IPO 企业的无形资产不超过 20% 的标准中并未包含商誉的金额，而新一届发审委上台后，无形资产与商誉将统一核算，不得超过 20%。由于近年来 A 股市场频发的商誉减值问题，已经引起监管部门的重视，早在 2017 年 2 月 8 日，证监会发布关于对政协十二届全国委员会第四次会议提案《关于加强对并购重组商誉有关审核及披露的监管的提案》的答复，就强调了"加大审核力度，形成监管威慑；强化业绩补偿监管，引导市场估值回归"。此次 IPO 审核口径的变化给理论界提供一个新的研究视角，即上市公司商誉的账面价值大小究竟是否会对企业的融资造成影响。本章将致力于解决以下问题：合并商誉的账面价值是否会增加企业所面临的融资约束，融资约束是否在合并商誉账面价值对企业绩效的影响中具有一定中介效应。

第二节　理论分析与假设提出

关于合并商誉的经济后果的研究，主要集中在两个方面：合并商誉的价值相关性以及合并商誉与企业绩效的关系。早期关于商誉与公司的市场价值的实证研究都发现了商誉与公司权益市场价值的显著正相关关系，市场在对企业估值时候考虑了商誉作为一项资产的贡献（McCarthy and Schneider，1995；Jenningsetal.，1996；Vincent，1998；Godfrey and Koh，2001）。而现有文献极少有针对合并商誉对于企业融资活动的影响的研究，仅有关于合并商誉对于企业债务资本成本的研究（徐经长等，2017）。因此本章致力于研究合并商誉账面价值对于企业融资约束的影响，以及融资约束在合并商誉账面价值与企业绩效关系中的中介效应以进一步完善现有文献对合并商誉经济后果及其作用机制的研究。

根据 MM 理论（Modigliani and Miller，1958）的完美市场假设下，企业内外部的资本可以自由流通，完全替代，公司的投资决策与资本结构不相关。然而由于信息不对称（Myers and Majluf，1984）以及交易费用的存在，打破了 MM 理论的完美市场假设，根据优序融资（Pecking Order Theory），外部融资成本高于内部，使得企业无法获得最优的外部融资支持，而产生了融资约束。因此，对于我国现行资本市场中披露的商誉价值信息，究竟是减少了信息不对称，让投资者了解企业经营中可能获得的超额收益能力，而缓解企业的融资约束程度，抑或是由于高溢价价差商誉的存在以及后续减值信息披露不透明而增加了信息不对称，使得贷款者惜贷，投资者却步，从而增加了企业面临的融资约束。这是现今关于商誉会计领域亟待探究的问题。

虽然早期的文献普遍认为商誉能够为企业带来企业价值与绩效的积极影响，但现行会计准则下确认的合并商誉是一个并购的价差（购买方的合并成本大于取得被购买方的各项可辨认净资产公允价值的差额）。加之并购交易中股份支付方式的兴起，比现金支付的标的评估增值率显著更大，驱使了标的定价虚高，商誉估值中的专业判断空间较大，二者结合，容易产生高溢价商誉（谢纪刚和张秋生，2013；傅超等，2015）。而且这部分溢价商誉对企业后续的盈利能力贡献有限，仅有因协同效应产生的核心商誉能够对企业绩效（王秀丽，2013）和市场价值（Henninget al.，2000）产生积极影响，且仅限于当期，对其后期的积极作用并不显著（王秀丽，2014）。正如本文前述的研究结论：现行准则下确认的合并商誉与 FASB 提出的"核心商誉"相去甚远，也不符合商誉超额收益的本质，对企业的绩效贡献十分有限。所以，投资者无法从企业确认计量的合并商誉价值中准确判断其代表的收益，因此合并商誉作为一项资产所代表的持续盈利能力存疑。而商誉作为一项虚资产，在企业面临财务危机时并不能为企业解决流动性紧缺或者债务问题，也并未对企业偿债能力做出贡献。合并商誉的账面价值越大，越有增加企业与外部投资者之间信息不对称的倾向，也越容易给企业造成融资约束。

此外，如前所述已有文献证实了商誉减值计提中的盈余管理动机。管理层可通过择机计提或者避免计提减值，以及多提或者少提减值来对企业盈余进行操纵。现行准则下赋予了商誉的估值以及后续计量较大自由裁量权，且涉及诸多专业判断，但针对以上商誉的估值及减值测试的信息披露却严重不足，使得商誉的价值及减值成为一个"黑匣子"，更进一步加剧了企业与外部投资者之间的信息不对称。结合近年来A股市场巨额商誉减值问题的频发，对于现今的合并商誉会计信息质量，投资者、债权人与监管部门等外部信息使用者普遍存在较大顾虑，并不认可企业合并商誉作为一项独立资产的价值，甚至会将其认为是过度支付以及盈余操纵的后果，是企业经营风险以及债务风险的一个因素，从而增加了企业的融资成本。基于上述分析，提出本章的第一个假设：

H6.1：上市公司合并商誉的账面价值越大，企业面临的融资约束越大，合并商誉的账面价值与企业的融资约束具有显著的正相关关系。

在我国的制度环境下，不同产权性质的上市公司财务行为表现出较大的差异。在我国的制度背景下，首先，相对于非国企，国企拥有更好的内部控制（刘启亮等，2012），因此能够较好抑制盈余管理行为，国有企业披露的商誉会计信息更容易受到投资者的认可；其次，国企相对于非国企更能够获得更好的资源，如税收优惠、财政补贴（刘永泽等，2013）、银行贷款等，且相较于非国企，国企面临更小的财务和破产风险（孙亮和刘春2010），国有企业长期以来受到政策扶植，相较于自身积累发展的民营企业，其融资途径更广，融资成本较小，更容易获得外部融资，因此相较于民营企业，国有企业面临的融资约束普遍较小（葛结根，2017）。更重要的是国企在并购之初由于能够有相对充足的资金和实力，并购更容易成功，能够获得更好的并购协同效应，且由于国企总体规模相对较大，业务范围较广，并购之后较少出现业绩不达标的现象，相对于非国企，国企的并购后续较少出现商誉减值的情况（张丽达和冯均科，2016）。基于上述分析，本文认为国有企业的产权性质能够一定程度上缓解上市公司披露合并商誉账面价值带来的融资约束程度，据此提出本章的第二个假设：

H6.2：国有企业的产权性质能够抑制合并商誉账面价值对企业带来的融资约束。

"深口袋"（deep-pockets）理论认为，不同规模的事务所对会计稳健性存在着差异。相对于小规模的事务所而言，大事务所更注重自身的品牌声誉，因此更偏向于稳健性以避免诉讼风险（Dye，1993）。已有不少研究证明"非四大"比"四大"审计公司更能容忍盈余管理行为（Becker、DeFond and Jiambalvo，1998）。因此相较于"非四大"审计的公司，"四大审计"的公司披露的商誉信息质量更好，也更符合会计稳健性。会计信息披露质量的提高（冯晶和徐柏，2017）与稳健性都有助于降低企业面临的融资约束（张金鑫和王逸，2013；钱明等，2016）。结合本文前述的研究"四大审计"与国企产权制度都能够降低企业的盈余管理程度。因此本文认为审计质量的提高有助于提高商誉的会计信息质量，从而能够起到降低企业由于合并商誉账面价值而带来的融资约束风险。基于上述分析，提出本章的第三个假设：

H6.3：四大审计有助于降低上市公司合并商誉账面价值给企业造成的融资约束。

现有文献不乏支持机构投资者对于公司治理具有积极作用的观点，机构投资者（尤其是长期专注型机构投资者）持股比例的增加，有利于提高企业业绩的稳定性以及降低企业估值的偏误（Borochin and Yang，2017），同时公司越倾向于选择高质量的外部审计（Kane et al.，2004），此外还能抑制管理层的短视行为和盈余管理倾向（Koh，2003），提高会计信息披露透明度（杨海燕等，2012），从而会计信息的质量越好，融资成本更低。因此本文认为，机构投资者持股比例的增加有利于提高企业商誉会计信息质量，降低企业合并商誉中的估值偏误，也从而能够缓解企业披露巨额合并商誉而引起的融资约束。基于上述分析提出本章的第四个假设：

H6.4：机构投资者持股比例的增加有助于缓解上市公司合并商誉账面价值给企业造成融资约束。

根据本文第四章的研究，合并商誉的账面价值对企业的绩效会产生负面的影响，本章的前述假设推理认为合并商誉的账面价值会增加企业所面临的融资约束的程度，融资约束会对企业的绩效产生负面的影响，通过影响研发支出和企业投资等来影响企业绩效。因此合并商誉对企业绩效的负面影响除了因合并商誉计提巨额减值对企业绩效的直接打击之外，是否还会通过引起融资约束而间接地抑制企业的绩效也是值得研究的问题。查奇芬等（2017）以中小板企业为样本分析了融资约束对于企业绩效的影响，发现中小企业融资约束会阻碍企业绩效的提升，会对中小企业的发展壮大产生不利的影响。可见受融资约束影响较大的通常是中小企业，根据本文第三章的描述性统计分析可知，中小板和创业板近年来的商誉账面价值和减值都有相当大的增幅，因此，商誉的账面价值可能会加剧这部分企业面临的融资约束而对其绩效产生不利影响。此外也有部分文献以融资约束作为中介变量或者调节变量研究其与企业绩效的关系。朱永明等（2016）以 2012—2014 年沪深两市的灵润环球评分的上市公司为样本研究了融资约束、企业社会责任表现与企业绩效之间的关系，研究发现融资约束会显著抑制企业社会责任表现对绩效的积极作用，即融资约束对企业社会责任表现与企业绩效之间的关系存在负向的调节作用。李金凯（2018）以 2004—2015 年 Wind 数据库中的年度担保数据与 CSMAR 上市公司横向匹配为样本研究了网络担保、融资约束与企业绩效的关系，研究发现融资约束对企业绩效存在抑制作用，且在网络担保对企业绩效的间接影响中起到一定的传导机制，即网络担保会增加企业面临的融资约束从而抑制企业绩效的提升。但是现有文献没有直接对于融资约束在合并商誉与企业绩效关系中的中介效应的研究。根据上述分析，本文认为，合并商誉的账面价值会加剧企业面临的融资约束，融资约束会抑制企业的绩效，因此，合并商誉的账面价值对企业绩效的负面影响中，融资约束能够起到部分中介效应。综上所述，提出本章的第五个假设：

H6.5 融资约束在企业合并商誉账面价值对绩效的负面影响中起到部分中介效应。

第三节 研究设计

一、数据来源及样本选择

本文选取我国 A 股市场 2007—2016 年上市公司为样本，数据均来自 wind 数据库。选取披露了合并商誉的公司，删除缺失值，剔除金融行业及 ST* 类上市公司，为消除极端值影响，本文对所有变量进行上下 1% 分位缩尾（Winsorize）处理，最终得到 7680 个观测值。

二、变量定义

（一）因变量

企业的绩效指标同上章，使用 ROA 以及 Tobin' sQ 值来衡量。早期对于公司融资约束的度量主要采用公司规模、年龄、分红率、利息保障倍数等指标进行分组（Fazzari et al., 1988；连玉君等，2010）判别公司的融资约束程度。Kaplan and Zingales（1997）对单一指标分组提出质疑，并采用了多个财务指标度量企业的融资约束，即 KZ 指数。此后，对于融资约束的度量多采用了构建综合指数的方法（Whited and Wu, 2006；张金鑫和王逸，2013；李井林等，2014）。本文借鉴了以往学者的研究（Kaplan and Zingales, 1997；张金鑫和王逸，2013；李井林等，2014；钱明等，2016），首先，采用公司规模和上市时间以及现金股利支付率三个指标经过无量纲化处理后所得平均值对公司进行年度内排序，以上下三分位点作为融资约束分界点，高于 67% 分位的公司定义为低融资约束组（FC=0），低于 33% 分位的定义为融资约束组（FC=1）构造融资约束虚拟变量，然后选取经营活动现金流量比、长期负债率、Tobin' sQ、现金股利支付率以及现金持有比例五个指标将其与 FC 做 logit 回归，利用回归系数拟合每个公司每一年的 P（FC=1）值，P 值越接近 1 代表公司面临的融资约束越大：

$$\Pr(FC = 1 \mid Z_{it}) = 1/1 + e^{Z_{it}} \qquad (6\text{-}1)$$

其中

$$Z_{it} = \alpha_0 + \alpha_1 Cashflow_{it} + \alpha_2 LEV_{it} + \alpha_3 Tobin'sQ_{it} + \alpha_4 Cashdiv_{it} + \alpha_5 Cashholding_{it} \qquad (6\text{-}2)$$

（2）解释变量

同本文第四章对合并商誉与企业绩效的研究，将合并商誉其分为两部分（动态时期数和静态的时点数）：第一部分为当期确认的商誉（ΔGw_a）（计算方法同前章），第二部分为商誉的账面价值，即为财务报表中当期期末商誉净额，并除以总资产标准化（Gw_a），以此作为商誉账面价值（时点数）。在本章中，着重考察合并商誉的账面价值（Gw_a）

对企业融资约束及企业绩效的影响，因此主要解释变量为商誉的账面价值（Gw_a），而当期确认的合并商誉（ΔGw_a）作为控制变量。

（3）控制变量

此外参考张金鑫和王逸（2013）、李井林等（2014）以及钱明等（2016）的研究，本章控制了公司业绩（ROA）、债务契约（Debt）、管理层特征（CEO是否变更CEOchg、董事长总经理是否两职合一Duality）、股权集中度（Largest10）、账面市值比（MTB）、规模（Size）、上市年限（Age）、年份（Year）、行业（Ind）等变量。

三、模型构建

根据上述理论分析，本章构建了如下模型，首先以融资约束（FC）作为因变量考察合并商誉账面价值对融资约束程度的影响，其次，根据 Bron and Kenny（1986）以及温忠麟等（2004）的中介效应检验方法，本章构建了对融资约束作为中介变量的逐步检验方程：

$$FC_t=\beta_1+\beta_2Gw\_a+\beta_3ROA+\beta_4Growth+\beta_5Debt+\beta_6CEOchg+\beta_7Duality$$
$$+\beta_8Largest10+\beta_9Size+\beta_{10}Age+\beta_{11}\Delta Gw\_a+\beta_{12}Industry+\beta_{13}Year \quad (6\text{-}3)$$

$$FC_t=\beta_1+\beta_2Gw\_a+\beta_3State+\beta_4State\&gw+\beta_5ROA+\beta_6Growth+\beta_7Debt+\beta_8CEOchg$$
$$+\beta_9Duality+\beta_{10}Largest10+\beta_{11}Size+\beta_{12}Age+\beta_{13}\Delta Gw\_a+\beta_{14}Industry+\beta_{15}Year \quad (6\text{-}4)$$

$$FC_t=\beta_1+\beta_2Gw\_a+\beta_3Audit4+\beta_4Audit4\&gw+\beta_5ROA+\beta_6Growth+\beta_7Debt+\beta_8CEOchg$$
$$+\beta_9Duality+\beta_{10}Largest10+\beta_{11}Size+\beta_{12}Age+\beta_{13}\Delta Gw\_a+\beta_{14}Industry+\beta_{15}Year \quad (6\text{-}5)$$

$$FC_t=\beta_1+\beta_2Gw\_a+\beta_3Instshare+\beta_4Inst\&gw+\beta_5ROA+\beta_6Growth+\beta_7Debt+\beta_8CEOchg$$
$$+\beta_9Duality+\beta_{10}Largest10+\beta_{11}Size+\beta_{12}Age+\beta_{13}\Delta Gw\_a+\beta_{14}Industry+\beta_{15}Year \quad (6\text{-}6)$$

$$ROA_t=\beta_1+\beta_2Gw\_a+\beta_3Growth+\beta_4Debt+\beta_5CEOchg+\beta_6Duality+\beta_7Audit4+\beta_8State$$
$$+\beta_9Largest10+\beta_{10}Size+\beta_{11}Age+\beta_{12}\Delta Gw\_a+\beta_{13}Industry+\beta_{14}Year \quad (6\text{-}7)$$

$$FC_t=\beta_1+\beta_2Gw\_a+\beta_3Growth+\beta_4Debt+\beta_5CEOchg+\beta_6Duality+\beta_7Largest10$$
$$+\beta_8Size+\beta_9Age+\beta_{10}\Delta Gw\_a+\beta_{11}Industry+\beta_{12}Year \quad (6\text{-}8)$$

$$ROA_t=\beta_1+\beta_2Gw\_a+\beta_3FCt+\beta_4Growth+\beta_5Debt+\beta_6CEOchg+\beta_7Duality+\beta_8Audit4$$
$$+\beta_9state+\beta_{10}Largest10+\beta_{11}Size+\beta_{12}Age+\beta_{13}\Delta Gw\_a+\beta_{14}Industry+\beta_{15}Year \quad (6\text{-}9)$$

$$Tobin's Q_t=\beta_1+\beta_2Gw\_a+\beta_3Growth+\beta_4Debt+\beta_5CEOchg+\beta_6Duality+\beta_7Audit4$$
$$+\beta_8State+\beta_9Largest10+\beta_{10}Size+\beta_{11}Age+\beta_{12}\Delta Gw\_a+\beta_{13}Industry+\beta_{14}Year \quad (6\text{-}10)$$

$$FC_t=\beta_1+\beta_2Gw\_a+\beta_3Growth+\beta_4Debt+\beta_5CEOchg+\beta_6Duality+\beta_7Largest10$$
$$+\beta_8Size+\beta_9Age+\beta_{10}\Delta Gw\_a+\beta_{11}Industry+\beta_{12}Year \quad (6\text{-}11)$$

$$Tobin's Q_t=\beta_1+\beta_2Gw\_a+\beta_3FCt+\beta_4Growth+\beta_5Debt+\beta_6CEOchg+\beta_7Duality+\beta_8Audit4$$
$$+\beta_9state+\beta_{10}Largest10+\beta_{11}Size+\beta_{12}Age+\beta_{13}\Delta Gw\_a+\beta_{14}Industry+\beta_{15}Year \quad (6\text{-}12)$$

表 6-1　主要变量名称及说明

变量类型	变量名称	变量名称	变量定义
因变量	融资约束	FC	融资约束，依据 Logit 回归模型计算得到的指数，介于 0~1 之间
	资产收益率	ROA	净利润除以总资产
解释变量	Tobin's Q 值	Tobin's Q	企业市价 / 企业的重置成本
	当期商誉账面价值	Gw_a	资产负债表中期末商誉净额 / 总资产
	营业收入增长率	Growth	本年营业收入增加额比上年营业收入额
	资产负债率	Debt	上市公司期末总负债除以总资产
	CEO 是否变更	CEOChg	虚拟变量，发生变更取 1，否则为 0
	董事长总经理是否两职合一	Duality	虚拟变量，董事长总经理两职合一取 1，否则为 0
	股权集中度	Largest10	前十大股东持股比例
	公司规模	Size	年末总资产取对数
	公司上市年数	Age	上市公司自上市至研究年度时间取自然对数
	当期确认的合并商誉	ΔGw_a	年末商誉余额 - 年初商誉余额 + 商誉减值损失 / 年初总资产
	年度	Year	年度虚拟变量
	行业	Industry	行业虚拟变量
调节变量	产权性质	State	虚拟变量，国企取 1，非国企为 0
	四大审计	Audit4	虚拟变量，上市公司聘请四大会计师事务所取 1，否则为 0
	机构投资者持股比例	Instshare	机构投资者持股数量除以总股本

第四节　描述性统计分析

表 6-2　主要变量描述性统计分析

变量	观测值	最小值	最大值	均值	中位数	标准差
FC	7680	0	1	0.473	0.429	0.415
ROA	7680	-0.193	0.326	0.0607	0.0503	0.0655
Tobin'sQ	7680	0.364	10.390	2.722	2.147	1.949
MTB	7680	-2.666	43.66	4.599	3.443	0.0482
RET	7680	-0.106	0.200	0.0460	0.0401	4.127
Gw_a	7680	0	0.842	0.0350	0.050	0.0794
Growth	7680	-0.594	2.058	0.163	0.124	0.301
Debt	7680	0.0502	0.918	0.450	0.449	0.205
CEOchg	7680	0	1	0.240	0	0.427
Duality	7680	0	1	0.259	0	0.438
Largest10	7680	0.210	10.949	0.580	0.589	0.157
Size	7680	1.632	19.30	12.22	12.13	1.498
Age	7680	0	3.296	2.015	2.303	0.885
ΔGw_a	7680	0	0.441	0.0111	0.0013	0.0484
State	7680	0	1	0.370	0	0.461
Audit4	7680	0	1	0.0521	0	0.220
Instshare	7680	0	0.986	0.036	0.035	0.237

表 6-2 报告了主要变量的描述性统计分析。从表 6-2 可知融资约束（FC）的最小值为 0，最大值为 1，均值为 0.473，中位数为 0.429，可见本章通过对 KZ 指数的处理已经将其标准化为介于 0—1 之间，且符合正态分布的公司所面临融资约束的指标。企业绩效指标 ROA 的最小值为 -0.193，最大值为 0.326，均值为 0.0607，中位数为 0.0503。Tobin'sQ 的最小值为 0.364，最大值为 10.390，均值为 2.722，中位数为 2.147。主要解释变量合并商誉账面价值（Gw_a）最小值为 0，最大值为 0.842，均值为 0.0350，中位数为 0.050。其余控制变量 growth 的均值为 0.163，Debt 的均值为 0.450，CEOchg 的均值为 0.240，Duality 的均值为 0.259，Largest10 的均值为 0.580，Size 的均值为 12.22，Age 的均值为 2.015，ΔGw_a 的均值为 0.0111。调节变量 State 的均值为 0.370，audit4 为 0.0521，instshare 的均值为 0.036。主要变量的值以及分布较为合理，但是值得注意的是 ROA 和 Size 两个指标的均值与前述样本的均值差别较大，尤其 Size 的均值与以往研究的均值相比较小，可能是由于本文仅仅选取了披露合并商誉的样本所致，且在计算融资约束指标时部分指标存在较多缺失值，可能存在样本选择性偏误，规模较小的企业普遍面临融资约束较强，同时也

更倾向于利用并购等外延式扩张方式来缓解企业融资约束，也更倾向于产生合并商誉，所以也存在部分互为因果的内生性问题，因此本文将在后续研究中着重对这两方面问题进行稳健性检验。

第五节　回归结果分析

表 6-3　合并商誉账面价值对企业融资约束的影响

	（1） FCkz	（2） FCkz	（3） FCkz	（4） FCkz
Gw_a	0.576*** （5.68）	0.593*** （7.50）	0.584*** （7.60）	0.601*** （4.68）
State		-0.00142 （-0.06）		
State&gw		-0.435* （-1.70）		
Audit4			-0.0170 （-0.44）	
Audit4&gw			-1.463*** （-2.82）	
Instshare				0.000430 （1.40）
Inst&gw				-0.00106 （-0.36）
ROA	-0.00263** （-2.50）	-0.00445*** （-4.69）	-0.00444*** （-4.68）	-0.00462*** （-4.79）
Growth	-0.00115** （0.33）	-0.00334** （1.00）	-0.00334** （1.00）	-0.00265** （0.45）
Debt	0.000275 （0.58）	0.000614* （1.68）	0.000637* （1.74）	0.000617* （1.67）

续　表

CEOchg	0.0136	0.0136	0.0138	0.0122
	（1.15）	（1.21）	（1.23）	（1.08）
Duality	-0.00509	0.00323	0.00340	0.00464
	（-0.28）	（0.22）	（0.24）	（0.32）
Largest10	-0.00362***	-0.00303***	-0.00300***	-0.00319***
	（-5.50）	（-6.43）	（-6.37）	（-6.42）
Size	0.0100	-0.00532	-0.00318	-0.00771
	（0.67）	（-0.65）	（-0.38）	（-0.94）
Age	-0.0107***	0.00859***	0.00835***	0.00779***
	（-2.77）	（5.37）	（5.50）	（4.99）
Δ Gw_a	-0.0167	-0.0301	-0.0298	-0.0388*
	（-0.67）	（-1.33）	（-1.31）	（-1.67）
Industry	控制			
Year	控制			
_Cons	0.725***	0.840***	0.809***	0.871***
	（4.23）	（7.71）	（7.21）	（7.86）
N	7680	7680	7680	7640
r2_w	0.0280	0.0270	0.0280	0.0269

注：回归系数下方括号内是标准差，***、** 和 * 分别表示通过显著水平为 1%、5% 以及 10% 的检验

表 6-3 报告了合并商誉账面价值（Gw_a）与融资约束（FC）的回归结果。从表 6-3 回归结果可知，我国上市公司所披露的合并商誉账面价值与企业的融资约束显著地正相关，因此，合并商誉的账面价值一定程度上增加了企业所面临的融资约束程度，支持了本章的假设 6.1。然而这与早期文献对商誉的本质定义并不相符，应该对现今商誉会计准则做出改进。现行准则的商誉确认及后续计量的方法，并未很好的体现商誉的超额收益本质，现今资本市场中所披露计量的合并商誉的价值也并未获得投资者的认可，相反，大额商誉账面价值的存在使得部分企业在获取外部融资时面临困难。本文认为产生这样结果的原因如前所述，第一是因为盈余管理和商誉计量方法的不合理使商誉的会计信息质量下降，从而使得投资者对于合并商誉代表的价值产生疑虑。此外由于现行商誉后续计量方式赋予管理层较大自由裁量权，使得合并商誉减值容易被操控，但上市公司年报对于合并商誉估值和减值的信息披露均不充分，也增加了信息不对称。因此，现行准则下的合并商誉信息不仅没有缓解企业的融资约束，相反还增加了其融资难度。此外，从表 6-3 还可知，国企产权

性质对于合并商誉账面价值对企业融资约束加剧的关系起到缓解作用，国有企业由于其政治关联以及政策支持，相较于非国有企业更容易获得外部融资，除此之外，国有企业相较于非国有企业更少具有盈余管理动机，所披露的合并商誉价值信息质量更好，且国企经营领域行业集中度较高，更利于并购后业务整合产生协同效应，后续业绩更具保障。因此国有企业产权性质对合并商誉账面价值与企业融资约束关系的调节作用也支持了本章的假设6.2。四大审计对于合并商誉账面价值对融资约束增加也起到了显著的抑制作用。由于四大审计会计信息质量更好，能够降低合并商誉出现过高估值的概率，且审计质量的提高有助于抑制商誉减值中的盈余管理动机。因此聘请四大审计的企业所披露的合并商誉价值较为被投资者认可，从而对于其对融资约束的加剧情形能起到一定程度的抑制作用，这与本章假设6.3相符。但是从表6-3可知，机构投资者对于上市公司合并商誉对企业融资约束加剧关系的调节作用并不显著。这可能是由于本文未能区分长期型、专注型机构投资者与短期投资者而使得其结果没有很好体现各种类型投资者对商誉与融资约束关系的作用。

由于在前述的研究中发现合并商誉账面价值对企业绩效的负面影响不仅仅在于当期，一般都持续到企业滞后一期的绩效中。为了进一步检验合并商誉对于企业融资约束的影响，我们将因变量扩展至其后一期（FCt+1）以考察合并商誉对于企业后续一期产生的融资约束的关系。

表6-4　合并商誉账面价值与企业滞后一期融资约束回归结果

| | （1） | （2） | （3） | （4） |
	F.FCkz	F.FCkz	F.FCkz	F.FCkz
Gw_a	0.405***	0.450***	0.417***	0.271
	（3.97）	（4.24）	（4.04）	（1.55）
State		-0.00697		
		（-0.31）		
State&gw		-0.555**		
		（-1.99）		
Audit4			-0.0557	
			（-1.33）	
Audit4&gw			-0.973*	
			（-1.66）	
Instshare				0.000613**
				（2.05）
Inst&gw				0.00189
				（0.56）

续　表

ROA	-0.00405***	-0.00407***	-0.00402***	-0.00425***
	（-3.72）	（-3.75）	（-3.71）	（-3.87）
Growth	-0.00114***	-0.00114***	-0.00116***	-0.00107***
	（-3.08）	（-3.06）	（-3.13）	（-2.82）
Debt	0.00102**	0.00101**	0.00100**	0.000968**
	（2.49）	（2.46）	（2.43）	（2.34）
CEOchg	0.0110	0.0108	0.0109	0.0104
	（0.87）	（0.86）	（0.86）	（0.82）
Duality	0.0239	0.0220	0.0232	0.0257
	（1.45）	（1.32）	（1.40）	（1.54）
Largest10	-0.00207***	-0.00200***	-0.00203***	-0.00226***
	（-3.42）	（-3.28）	（-3.36）	（-3.63）
Size	-0.0262***	-0.0248***	-0.0222**	-0.0283***
	（-2.97）	（-2.75）	（-2.38）	（-3.11）
Age	0.00814***	0.00883***	0.00815***	0.00753***
	（4.69）	（4.84）	（4.69）	（4.25）
Δ Gw_a	-0.0335	-0.0321	-0.0329	-0.0450*
	（-1.42）	（-1.36）	（-1.40）	（-1.86）
Industry	控制			
Year	控制			
_Cons	0.953***	0.939***	0.898***	0.983***
	（7.40）	（7.24）	（6.66）	（7.47）
N	6137	6137	6137	6099
r2_w	0.0175	0.0175	0.0180	0.0189

注：回归系数下方括号内是标准差，***、** 和 * 分别表示通过显著水平为1%、5%以及10%的检验

表6-4报告了合并商誉账面价值(Gw_a)与企业滞后一期融资约束(FCt+1)的回归结果。合并商誉账面价值对于企业滞后一期的融资约束仍然具有显著的加剧作用。可见，合并商誉的账面价值对于企业后续的融资确实造成了一定的困扰。同时，国企产权性质对于合并商誉账面价值与融资约束关系的抑制作用更为显著，四大审计也仍然对企业合并商誉账面

价值与滞后一期的融资约束的关系具有负向的调节作用，但其显著性有所下降。本文认为这主要是因为二者调节的作用不同，国企产权性质主要是通过增强企业合并后的业务整合产生更多的协同效应以及国企本身的融资优势来抑制商誉对于企业融资造成的负面影响，这种调节作用更为长远。而四大审计主要是通过提高合并商誉会计信息质量，减少合并商誉被盈余操纵过高估值的角度来作用于二者的关系，而合并商誉一旦确定之后，后续并不再摊销，因此这种调节作用是即时的，主要调节合并商誉账面价值与当期融资约束的负面影响。

根据上述的研究结果可知，合并商誉的账面价值确实增加了企业当期以及其后一期的融资约束程度，结合本文前述的研究结论，合并商誉的账面价值对企业当期以及其后一期的绩效具有显著的负面影响，因此本章将考察融资约束是否在二者关系中起到中介效应的作用。

表 6-5　融资约束中介效应

	（1） ROA	（2） FCkz	（3） ROA	（4） F.ROA	（5） F.FCkz	（6） F.ROA
Gw_a	-0.115***	0.582***	-0.107**	-0.103*	0.401***	-0.0976
	（-2.59）	（7.99）	（-2.40）	（-1.70）	（4.18）	（-1.60）
FCkz			-0.0138*			-0.0140*
			（-1.95）			（-1.71）
Growth	0.00463***	-0.00307**	0.00510***	0.00175***	-0.00799**	0.00206***
	（0.22）	（0.92）	（0.24）	（-0.01）	（0.23）	（-0.00）
Debt	-0.00715***	0.00204***	-0.00685***	-0.00495**	0.00215***	-0.00464**
	（-3.59）	（6.23）	（-3.44）	（-2.14）	（5.79）	（-2.00）
CEOchg	0.00337	0.0171	0.00361	0.00275	0.0131	0.00294
	（0.47）	（1.52）	（0.51）	（0.33）	（1.03）	（0.36）
Duality	0.00218	-0.00517	0.00212	0.0153	0.0140	0.0155
	（0.24）	（-0.36）	（0.24）	（1.47）	（0.85）	（1.49）
Audit4	0.277***	-0.0208	0.277***	0.286***	-0.0383	0.285***
	（12.79）	（-0.55）	（12.77）	（12.12）	（-0.94）	（12.11）
State	0.0110*	-0.0350	0.0114*	0.00396*	-0.0168	0.00413*
	（0.94）	（1.74）	（0.98）	（0.31）	（0.77）	（0.33）
Largest10	0.000770***	-0.00290***	0.000730**	0.000471	-0.00275***	0.000433
	（2.71）	（-6.19）	（2.57）	（1.45）	（-5.22）	（1.33）

续　表

Size	0.0745***	-0.0393***	0.0740***	0.0872***	-0.0487***	0.0866***
	（17.63）	（-5.54）	（17.46）	（18.07）	（-6.09）	（17.88）
Age	-0.000825	0.00490***	-0.000750	-0.00162	0.00575***	-0.00153
	（-0.98）	（3.44）	（-0.89）	（-1.63）	（3.48）	（-1.54）
ΔGw_a	0.0173	-0.00442	0.0172	0.0189	-0.0224	0.0186
	（1.27）	（-0.20）	（1.27）	（1.33）	（-1.02）	（1.31）
Industry	控制					
Year	控制					
_Cons	-0.928***	0.982***	-0.915***	-1.068***	1.108***	-1.053***
	（-18.86）	（11.88）	（-18.41）	（-19.06）	（11.95）	（-18.56）
N	7681	7681	7681	6152	6152	6152
r2_w	0.0121	0.0131	0.0125	0.0133	0.00712	0.0136

注：回归系数下方括号内是标准差，***、** 和 * 分别表示通过显著水平为 1%、5% 以及 10% 的检验

表 6-6　融资约束中介效应

	（1）Tobin'sQ	（2）FCkz	（3）Tobin'sQ	（1）F.Tobin'sQ	（2）F.FCkz	（3）F.Tobin'sQ
Gw_a	-0.0358***	0.581***	-0.0347***	-0.0331***	0.400***	-0.00961
	（-4.54）	（7.98）	（-4.38）	（-2.98）	（4.17）	（-0.53）
FCkz			-0.00219*			-0.00323**
			（-1.68）			（-2.19）
Growth	0.00000253**	-0.00307**	0.00000265**	0.00000474**	-0.00799**	0.00000295**
	（0.60）	（0.92）	（0.63）	（0.93）	（0.23）	（0.61）
Debt	0.0000266	0.00204***	0.0000324	0.000198***	0.00215***	0.0000930**
	（0.79）	（6.23）	（0.96）	（-2.72）	（5.79）	（2.54）
CEOchg	-0.000273	0.0171	-0.000231	-0.00132	0.0131	-0.00109
	（-0.19）	（1.52）	（-0.16）	（-0.69）	（1.03）	（-0.63）
Duality	-0.00349**	-0.00517	-0.00349**	-0.00251	0.0140	-0.00191
	（-2.27）	（-0.36）	（-2.27）	（-0.82）	（0.85）	（-1.10）
Audit4	-0.0141***	-0.0208	-0.0141***	0.134	-0.0383	-0.0142***

续 表

	(-4.71)	(-0.55)	(-4.75)	(0.12)	(-0.94)	(-5.06)
State	0.00199	-0.0350	0.00200	0.435	-0.0168	0.00130
	(1.22)	(1.74)	(1.22)	(0.77)	(0.77)	(0.83)
Largest10	-0.0000767*	-0.00290***	-0.0000825*	0.0000542	-0.00275***	-0.0000289
	(-1.67)	(-6.19)	(-1.79)	(0.49)	(-5.22)	(-0.60)
Size	0.00579***	-0.0393***	0.00570***	0.0130***	-0.0487***	0.00546***
	(8.79)	(-5.54)	(8.65)	(5.24)	(-6.09)	(7.96)
Age	-0.000162	0.00490***	-0.000145	-0.00235***	0.00575***	-0.000116
	(-1.25)	(3.44)	(-1.12)	(-4.51)	(3.48)	(-0.83)
ΔGw_a	-0.00160	-0.00442	-0.00162	0.00187	-0.0224	0.00328
	(-0.61)	(-0.20)	(-0.62)	(0.52)	(-1.02)	(1.13)
Industry	控制					
Year	控制					
_Cons	-0.0939***	0.979***	-0.0918***	-0.608*	1.107***	-0.0932***
	(-12.26)	(11.83)	(-11.86)	(-1.87)	(11.93)	(-11.56)
N	7662	7680	7662	6259	6152	6151
r2_w	0.00390	0.0133	0.00410	0.00101	0.00716	0.00114

注：回归系数下方括号内是标准差，***、** 和 * 分别表示通过显著水平为1%、5%以及10%的检验

表6-5和表6-6报告了融资约束在合并商誉账面价值与企业绩效关系中的中介效应回归结果。本章同样根据逐步法来检验融资约束的中介效应，首先在表6-5中，合并商誉的账面价值（Gw_a）对企业当期（方程1）以及滞后一期的绩效回归中（方程3）中，解释变量的系数显著为负，即合并商誉对企业当期以及滞后一期的绩效具有显著的负面影响。然后，以融资约束为中介变量，以中介变量作为被解释变量，对解释变量和中介变量回归，发现合并商誉的账面价值（Gw_a）对企业当期以及滞后一期的融资约束（FCt、FCt+1）的系数显著为正，即合并商誉的账面价值对企业的融资约束具有加剧作用。因此第一步以及第二步的系数均显著，最后进行第三步回归，将解释变量与中介变量同时放入方程中，与被解释变量企业绩效（ROA）进行回归，结果如表6-5所示，方程3与方程6中，中介变量融资约束（FC）的系数显著为负，且在当期的绩效回归中解释变量的系数显著下降，在滞后一期的绩效回归中，解释变量的系数不再显著。因此本文认为，融资约束（FC）在合并商誉账面价值（Gw_a）对企业绩效（ROA）的负面影响中，起到了部分中介效应，即合并商誉账面价值对企业绩效的负面影响有一部分是通过形成了融资约束而造成的，这

与本章的假设 6.5 相符。此外，融资约束的中介效应不仅仅只存在于当期，与前述研究一致，在企业合并商誉账面价值对其滞后一期的绩效的负面影响中，融资约束仍然起到中介效应的作用机制。同样在以 Tobin'sQ 作为绩效指标的回归表 6-6 中也是一致的结果，融资约束在合并商誉账面价值对企业绩效的负面影响中起到中介效应。由上述的实证结果可知，合并商誉对企业绩效的影响是商誉的经济后果中的重要组成部分，而现有文献大多只是对合并商誉对企业绩效的直接影响，如确认商誉和计提减值对企业绩效的影响，通过本文的分析可见，合并商誉对企业绩效的影响除了直接的影响，还会通过影响企业的盈余管理或者融资约束程度而间接地影响企业的绩效。虽然合并商誉确认为一项单独的资产，且根据早期理论界对商誉的定义，商誉应该为企业的绩效带来积极的影响以及超额收益。然而根据本文的研究，现行会计准则下由于合并商誉的会计质量受盈余管理和计量方法的影响下降，且信息披露不足，引起信息不对称，使得外部投资者对于合并商誉的价值产生负面评价。因此巨额的合并商誉账面价值反而加剧了企业所面临的外部融资约束程度，增加了企业的资金成本，影响了企业的投资活动，进而降低了企业的绩效。

第六节　稳健性检验与内生性处理

对于融资约束（FC）的衡量指标无论是 KZ 指数（Kaplan and Zingales，1997）或者是 WW 指数（Whited and Wu，2006）等大多是基于内生的财务指标来构建的，因此可能使得研究结论产生一定偏误。为了检验研究结论的稳健性，本文采用外生融资约束度量指数 SA（Hadlock and Pierce，2010）来度量企业所面临的融资约束程度：

$$SA = -0.737 \times Size + 0.043 \times Size^2 - 0.040 \times Age \qquad (6-13)$$

其中 Size 为企业规模的自然对数；Age 为企业成立时间长短。SA 指数为负数，且负数的绝对值越大，表明企业所面临的融资约束越重。因此本文采用如下公式对 SA 指数进行标准化处理：

$$FC_{SA} = 1/1 + e^{SAit} \qquad (6-14)$$

计算得到 FC_{sa}，FC_{sa} 是介于 0—1 之间的指数，FC_{sa} 越接近 1 表明企业面临的融资约束越大。本文将原回归中的 FCkz 替换为 FCsa 再次进行回归分析，得到如下结果：

表 6-7　稳健性检验——替换融资约束度量指标

	（1）	（2）	（3）	（4）
	FCsa	FCsa	FCsa	FCsa
Gw_a	0.357***	0.276***	0.340***	0.491***
	（8.74）	（6.46）	（8.21）	（7.01）
State		0.208		
		（1.45）		

State&gw	-0.133*** （-9.71）		
Audit4			0.578* （1.88）
Audit4&gw			-0.0688*** （-2.59）
Instshare			-0.00336** （-2.05）
Inst&gw			0.000592*** （3.56）
ROA	-0.000978* （-1.94）	-0.000894* （-1.78）	-0.000952* （-1.89）	-0.000950* （-1.86）
Growth	-0.0000498*** （-2.80）	-0.0000508*** （-2.87）	-0.0000499*** （-2.81）	-0.000101*** （-3.17）
Debt	-0.000674*** （-3.48）	-0.000496** （-2.56）	-0.000677*** （-3.49）	-0.000640*** （-3.26）
CEOchg	0.00359 （0.60）	0.00312 （0.52）	0.00363 （0.60）	0.00421 （0.70）
Duality	0.0126 （1.54）	0.00170 （0.21）	0.0119 （1.46）	0.0133 （1.63）
Largest10	-0.00110*** （-4.02）	-0.000912*** （-3.33）	-0.00108*** （-3.91）	-0.00136*** （-4.73）
Size	0.0413*** （9.79）	0.0463*** （10.97）	0.0442*** （10.08）	0.0396*** （9.25）
Age	-0.0528*** （-60.57）	-0.0513*** （-57.95）	-0.0530*** （-60.58）	-0.0534*** （-59.38）
ΔGw_a	-0.0432*** （-3.67）	-0.0389*** （-3.33）	-0.0431*** （-3.67）	-0.0373*** （-3.10）

续　表

Industry	控制			
Year	控制			
_Cons	0.707***	0.657***	0.675***	0.727***
	（14.44）	（13.43）	（13.26）	（14.55）
N	7681	7681	7681	7641
r2_w	0.123	0.124	0.124	0.122

注：回归系数下方括号内是标准差，***、**和*分别表示通过显著水平为1%、5%以及10%的检验

表6-8　稳健性检验——替换融资约束度量指标

	（1）	（2）	（3）	（4）
	F.FCsa	F.FCsa	F.FCsa	F.FCsa
Gw_a	0.360***	0.284***	0.340***	0.508***
	（6.70）	（5.05）	（6.26）	（5.36）
State		0.164		
		（0.89）		
State&gw		-0.137***		
		（-8.93）		
Audit4			0.607	
			（1.54）	
Audit4&gw			-0.0838***	
			（-2.78）	
Instshare				-0.00357*
				（-1.68）
Inst&gw				0.000776***
				（4.31）
ROA	-0.00136**	-0.00127**	-0.00130**	-0.00141**
	（-2.35）	（-2.21）	（-2.26）	（-2.41）
Growth	-0.0000461**	-0.0000454**	-0.0000459**	-0.000102***
	（-2.54）	（-2.52）	（-2.53）	（-2.96）

Debt	-0.000754***	-0.000565**	-0.000751***	-0.000667***
	（-3.41）	（-2.56）	（-3.40）	（-2.98）
CEOchg	0.00524	0.00516	0.00543	0.00707
	（0.79）	（0.78）	（0.82）	（1.06）
Duality	0.0134	0.00254	0.0128	0.0136
	（1.43）	（0.27）	（1.37）	（1.45）
Largest10	-0.000589*	-0.000390	-0.000555*	-0.000997***
	（-1.88）	（-1.25）	（-1.77）	（-3.03）
Size	0.0349***	0.0406***	0.0388***	0.0322***
	（7.19）	（8.34）	（7.65）	（6.51）
Age	-0.0536***	-0.0518***	-0.0538***	-0.0546***
	（-51.93）	（-49.43）	（-51.98）	（-51.21）
Δ Gw_a	-0.0397***	-0.0352***	-0.0397***	-0.0335***
	（-3.36）	（-2.99）	（-3.36）	（-2.76）
Industry	控制			
Year	控制			
_Cons	0.739***	0.681***	0.695***	0.776***
	（13.15）	（12.12）	（11.87）	（13.51）
N	6152	6152	6152	6114
r2_w	0.108	0.108	0.108	0.108

注：回归系数下方括号内是标准差，***、** 和 * 分别表示通过显著水平为 1%、5% 以及 10% 的检验

　　表 6-7 与 6-8 报告了将融资约束衡量指标 FCkz 替换为 FCsa 的稳健性检验结果。从表 6-7 以及表 6-8 可知，在替换了因变量之后，合并商誉账面价值（Gw_a）的系数显著为正，即合并商誉的账面价值仍然对于企业所面临的融资约束有加剧的作用，且这种作用不仅仅是对于企业当期的融资约束显著，同样加剧了企业滞后一期所面临的融资约束程度。此外，合并商誉账面价值（Gw_a）与国有企业产权性质（state）以及四大审计（Audit4）的交互项系数显著为负，即国有企业产权性质与四大审计也同样对于合并商誉账面价值对企业融资约束的加剧影响起到抑制作用，且这种调节作用同样持续到了企业滞后一期的回归中。由此可见，稳健性检验结果与原方程并无本质差别。除此之外，为了进一步检验融资约束中介效应的稳健性，本文将企业绩效的度量指标替换为年度股票回报率（RET）以及企业市值账面比（MTB）再次对原方程回归，得到如下结果：

表6-9　稳健性检验——替换企业绩效度量指标

	（1）RET	（2）FCkz	（3）RET	（1）F.RET	（2）F.FCkz	（3）F.RET
Gw_a	-0.496***	0.581***	-0.461***	-0.688***	0.400***	-0.607***
	（-3.94）	（7.98）	（-3.66）	（-4.84）	（4.17）	（-4.96）
FCkz			-0.0710***			-0.0468**
			（-3.46）			（2.47）
Growth	0.000237***	-0.00307**	0.000231***	0.000359***	-0.00799**	0.000357***
	（-3.31）	（0.92）	（-3.22）	（5.79）	（0.23）	（5.75）
Debt	-0.00380***	0.00204***	-0.00361***	0.00142***	0.00215***	0.00129***
	（-7.58）	（6.23）	（-7.16）	（3.03）	（5.79）	（2.74）
CEOchg	-0.0130	0.0171	-0.0114	-0.0270	0.0131	-0.0278
	（-0.55）	（1.52）	（-0.48）	（-1.22）	（1.03）	（-1.26）
Duality	0.00160	-0.00517	0.00161	0.0279	0.0140	0.0273
	（0.07）	（-0.36）	（0.07）	（1.25）	（0.85）	（1.22）
Audit4	-0.0707*	-0.0208	-0.0731*	0.0756**	-0.0383	0.0772**
	（-1.79）	（-0.55）	（-1.85）	（2.10）	（-0.94）	（2.14）
State	0.00490	-0.0350	0.00515	0.0471**	-0.0168	0.0465**
	（-0.22）	（1.74）	（-0.23）	（-2.33）	（0.77）	（-2.31）
Largest10	-0.00153**	-0.00290***	-0.00171**	0.000725	-0.00275***	0.000842
	（-2.30）	（-6.19）	（-2.56）	（1.18）	（-5.22）	（1.37）
Size	0.0972***	-0.0393***	0.0944***	-0.0870***	-0.0487***	-0.0848***
	（10.31）	（-5.54）	（9.99）	（-9.93）	（-6.09）	（-9.65）
Age	0.00685***	0.00490***	0.00743***	-0.00277	0.00575***	-0.00312*
	（3.69）	（3.44）	（3.99）	（-1.55）	（3.48）	（-1.74）
ΔGw_a	0.112**	-0.00442	0.112**	-0.292***	-0.0224	-0.291***
	（-2.50）	（-0.20）	（-2.52）	（-7.80）	（-1.02）	（-7.77）
Industry	控制					
Year	控制					

_Cons	-1.343***	0.979***	-1.278***	1.338***	1.107***	1.291***
	（-12.26）	（11.83）	（-11.51）	（13.17）	（11.93）	（12.48）
N	7679	7680	7679	6152	6152	6152
r2_w	0.0368	0.0133	0.0381	0.0404	0.00716	0.0411

注：回归系数下方括号内是标准差，***、** 和 * 分别表示通过显著水平为 1%、5% 以及 10% 的检验

表 6-10　稳健性检验——替换企业绩效度量指标

	（1）	（2）	（3）	（1）	（2）	（3）
	MTB	FCkz	MTB	F.MTB	F.FCkz	F.MTB
Gw_a	-0.457***	0.581***	-0.443***	-0.327***	0.400***	-0.317***
	（-15.38）	（7.98）	（-14.87）	（-8.25）	（4.17）	（-8.00）
FCkz			-0.0245***			-0.0234***
			（-5.17）			（-4.43）
Growth	0.0000155	-0.00307**	0.0000165	0.00000990	-0.00799**	0.0000101
	（1.09）	（0.92）	（1.16）	（0.69）	（0.23）	（0.70）
Debt	-0.00193***	0.00204***	-0.00188***	-0.00178***	0.00215***	-0.00173***
	（-14.62）	（6.23）	（-14.20）	（-11.64）	（5.79）	（-11.29）
CEOchg	-0.00684	0.0171	-0.00640	-0.00465	0.0131	-0.00434
	（-1.43）	（1.52）	（-1.34）	（-0.88）	（1.03）	（-0.83）
Duality	-0.0146**	-0.00517	-0.0147**	-0.0135**	0.0140	-0.0131*
	（-2.46）	（-0.36）	（-2.48）	（-1.97）	（0.85）	（-1.92）
Audit4	-0.0178	-0.0208	-0.0183	-0.0270	-0.0383	-0.0279*
	（-1.27）	（-0.55）	（-1.30）	（-1.64）	（-0.94）	（-1.69）
State	0.0615***	-0.0350	0.0623***	0.0621***	-0.0168	0.0627***
	（8.11）	（1.74）	（8.21）	（7.04）	（0.77）	（7.09）
Largest10	-0.000917***	-0.00290***	-0.000984***	-0.000728***	-0.00275***	-0.000789***
	（-4.89）	（-6.19）	（-5.23）	（-3.36）	（-5.22）	（-3.63）
Size	0.0836***	-0.0393***	0.0826***	0.0932***	-0.0487***	0.0921***
	（30.06）	（-5.54）	（29.62）	（28.50）	（-6.09）	（28.05）
Age	-0.00297***	0.00490***	-0.00284***	-0.00459***	0.00575***	-0.00448***
	（-5.36）	（3.44）	（-5.12）	（-6.81）	（3.48）	（-6.63）

续　表

ΔGw_a	-0.0274***	-0.00442	-0.0277***	0.0687***	-0.0224	0.0682***
	（-3.00）	（-0.20）	（-3.03）	（7.54）	（-1.02）	（7.49）
Industry	控制					
Year	控制					
_Cons	-0.583***	0.979***	-0.559***	-0.709***	1.107***	-0.683***
	（-18.02）	（11.83）	（-17.09）	（-18.68）	（11.93）	（-17.78）
N	7680	7680	7680	6152	6152	6152
r2_w	0.0621	0.0133	0.0673	0.0646	0.00716	0.0706

注：回归系数下方括号内是标准差，***、**和*分别表示通过显著水平为1%、5%以及10%的检验

　　表6-9与表6-10报告了替换企业绩效度量指标的稳健性检验结果。从表6-9与表6-10可知，在替换了企业绩效指标为RET和MTB后，第一以及第二步的回归中，企业的合并商誉账面价值（Gw_a）与企业绩效（RET&MTB）的回归系数显著为负，而与企业融资约束（FCkz）的回归系数显著为正，逐步法前两步检验的系数均显著，满足第三步回归的前提条件。在第三步的回归中，将融资约束作为中介变量放入合并商誉账面价值与企业绩效的回归中，中介变量融资约束的系数也十分显著，且原解释变量的系数均显著下降，同时R方均有所上升，在加入融资约束作为中介变量后，回归解释力度增强。由此可见，融资约束在企业合并商誉的账面价值与企业绩效的关系中起到部分中介效应。同样，在滞后一期的回归中，融资约束的中介效应仍然存在。稳健性结果与原方程保持一致。

　　在上述的实证分析中，本文仅选取披露合并商誉的上市公司作为样本分析，而融资约束对于我国上市公司是普遍存在的，在研究二者关系时，要注意避免样本选择性偏误。因此，本文采用倾向得分匹配法（PSM），选取公司规模和资产负债率作为标准，对披露商誉和未披露商誉的上市公司进行一对一邻近样本匹配，对于当期的回归成功匹配4557个观测值，对于企业滞后一期的回归成功匹配3383个观测值，再次回归检验合并商誉账面价值对融资约束的影响。回归结果如下：

表6-11　倾向得分匹配法

	（1）	（2）	（3）	（4）	（5）
	FCkz	FCkz	FCkz	FCkz	FCkz
_treated	-0.035***				
	（-5.23）				
Gw_a		0.523***	0.523***	0.541***	0.562***
		（5.45）	（5.33）	（5.58）	（3.47）
State			-0.020		
			（-1.13）		

State&gw		-0.221**		
		(-0.59)		
Audit4			-0.096*	
			(-1.69)	
Audit4&gw			-0.697	
			(-1.25)	
Instshare				0.000
				(0.76)
Inst&gw				-0.002
				(-0.37)
ROA	-0.007***	-0.007***	-0.007***	-0.007***
	(-5.81)	(-5.86)	(-5.81)	(-5.93)
Growth	0.000**	0.000**	0.000*	0.000*
	(1.97)	(1.98)	(1.95)	(1.90)
Debt	0.002***	0.002***	0.002***	0.002***
	(3.60)	(3.53)	(3.48)	(3.66)
CEOchg	0.008	0.008	0.008	0.005
	(0.47)	(0.47)	(0.45)	(0.29)
Duality	0.032**	0.029*	0.031**	0.032**
	(2.07)	(1.85)	(2.02)	(2.04)
Largest10	-0.002***	-0.002***	-0.002***	-0.002***
	(-4.07)	(-3.95)	(-4.11)	(-3.90)
Size	-0.028**	-0.025**	-0.025**	-0.030**
	(-2.24)	(-2.03)	(-2.01)	(-2.30)
Age	0.010***	0.010***	0.010***	0.009***
	(6.80)	(6.94)	(6.77)	(6.22)
ΔGw_a	-0.044*	-0.043*	-0.044*	-0.051*
	(-1.68)	(-1.65)	(-1.70)	(-1.89)

续　表

Industry	控制				
Year	控制				
_Cons	0.517***	0.961***	0.940***	0.935***	0.977***
	（107.89）	（6.63）	（6.45）	（6.44）	（6.48）
N	18820	4557	4557	4557	4518
R2	0.001	0.072	0.072	0.073	0.070
adj.R2	0.001	0.070	0.069	0.070	0.068
F	27.360	35.196	29.338	29.749	28.459

注：回归系数下方括号内是标准差，***、**和*分别表示通过显著水平为1%、5%以及10%的检验

表 6-12　倾向得分匹配法

	（1）	（2）	（3）	（4）	（5）
	FCkz	F.FCkz	F.FCkz	F.FCkz	F.FCkz
_treated	-0.035***				
	（-5.23）				
Gw_a		0.494***	0.495***	0.514***	0.200
		（3.92）	（3.76）	（4.00）	（0.84）
State			-0.009		
			（-0.43）		
State&gw			-0.110		
			（-0.24）		
Audit4				-0.050	
				（-0.76）	
Audit4&gw				-0.444	
				（-0.71）	
Instshare					-0.000
					（-0.97）
Inst&gw					0.009
					（1.40）
ROA		-0.007***	-0.007***	-0.007***	-0.007***
		（-5.17）	（-5.18）	（-5.13）	（-5.03）

续 表

Growth	0.000	0.000	0.000	0.000
	（1.51）	（1.51）	（1.50）	（1.10）
Debt	0.003***	0.003***	0.003***	0.003***
	（5.65）	（5.65）	（5.65）	（5.59）
CEOchg	-0.006	-0.006	-0.006	-0.009
	（-0.29）	（-0.30）	（-0.30）	（-0.47）
Duality	0.040**	0.038**	0.039**	0.038**
	（2.19）	（2.05）	（2.15）	（2.08）
Largest10	-0.002***	-0.002***	-0.002***	-0.002**
	（-3.09）	（-3.03）	（-3.11）	（-2.50）
Size	-0.061***	-0.060***	-0.060***	-0.060***
	（-4.84）	（-4.73）	（-4.78）	（-4.61）
Age	0.009***	0.010***	0.009***	0.009***
	（5.47）	（5.43）	（5.45）	（5.29）
Δ Gw_a	-0.016	-0.015	-0.016	-0.029
	（-0.64）	（-0.60）	（-0.62）	（-1.11）
Industry	控制			
Year	控制			
_Cons	0.517***	1.170***	1.160***	1.163***	1.156***
	（107.89）	（7.87）	（7.72）	（7.81）	（7.50）
N	18820	3383	3383	3383	3349
R2	0.001	0.065	0.065	0.066	0.064
adj.R2	0.001	0.062	0.062	0.062	0.061
F	27.360	23.545	19.641	19.759	18.982

注：回归系数下方括号内是标准差，***、** 和 * 分别表示通过显著水平为 1%、5% 以及 10% 的检验

表 6-11 和表 6-12 报告了倾向得分匹配法（PSM）下合并商誉账面价值（Gw_a）和融资约束（FC）的回归结果。从表 6-11 和表 6-12 可知，在考虑了样本选择性偏误后的回归结果仍然与原回归保持一致。合并商誉的账面价值对企业的融资约束程度具有显著的加剧作用，且这种作用持续到企业滞后一期的回归中。在中介效应的检验中，由于存在遗漏变量和互为因果等内生性问题，本研究将进一步采用工具变量法，对中介效应的回归进行内

生性处理。工具变量的选取同前章。本文采用合并商誉的行业均值作为工具变量，对原方程进行两阶段最小二乘估计。回归结果如下：

表 6-13　工具变量法

	（1）	（2）	（3）	（4）	（5）	（6）	（7）
	first	second	second	second	second	second	second
	Gw_a	ROA	FCkz	ROA	Tobin'sQ	FCkz	Tobin'sQ
Gw_mean	0.748***	-0.665**	1.787***	-0.617**	-0.234***	1.791***	-0.1380***
	（0.0316）	（-2.22）	（7.30）	（-2.05）	（-23.39）	（7.32）	（-22.82）
FCkz				-0.270**			-0.0294***
				（-1.71）			（-5.58）
Growth	0.0000217***	0.00313***	0.00000717	0.00313***	0.0000268*	0.00000756	0.0000270*
	（0.43）	（7.38）	（0.21）	（7.38）	（1.89）	（0.22）	（1.91）
Debt	-0.000228**	-0.103***	0.000991**	-0.102***	-0.00254***	0.000968**	-0.00251***
	（0.581）	（-18.74）	（2.21）	（-18.68）	（-13.88）	（2.16）	（-13.75）
CEOchg	0.00420***	-0.261*	0.0194	-0.256*	-0.00682	0.0193	-0.00625
	（0.146）	（-1.80）	（1.64）	（-1.76）	（-1.41）	（1.63）	（-1.29）
Duality	0.00151	0.295	-0.00597	0.294	-0.00321	-0.00545	-0.00337
	（0.226）	（1.31）	（-0.32）	（1.31）	（-0.43）	（-0.30）	（-0.45）
Largest10	-0.0179***	0.0339***	-0.00320***	0.0331***	-0.000672**	-0.00336***	-0.000795**
	（0.393）	（4.19）	（-4.83）	（4.07）	（-2.13）	（-4.34）	（-2.52）
size	0.0397***	1.247***	0.00499	1.248***	0.126***	-0.0166	0.125***
	（0.176）	（7.35）	（0.36）	（7.36）	（18.29）	（-0.99）	（18.27）
age	-0.00752***	-0.404***	-0.0201***	-0.409***	-0.0116***	-0.0125***	-0.0121***
	（0.417）	（-9.84）	（-5.99）	（-9.95）	（-7.31）	（3.23）	（-7.62）
ΔGw_a	-0.0439***	0.182	-0.0382	0.171	0.0752***	-0.0415*	0.0737***
	（0.294）	（0.62）	（-1.60）	（0.59）	（7.58）	（-1.71）	（7.45）
Industry	控制						
Year	控制						
_Cons	0.0733**	0.0351***	0.00198***	0.0351***	-0.00198***	-0.00197***	-0.00788**
	（0.82）	（13.70）	（0.95）	（13.72）	（-4.67）	（-4.67）	（-2.21）

N	7,328	7328	7328	7328	7,328	7328	7328
r2_w	0.267	0.1372	0.024	0.1378	0.0378	0.251	0.0380

注：回归系数下方括号内是标准差，***、** 和 * 分别表示通过显著水平为 1%、5% 以及 10% 的检验

表 6-14　工具变量法

	（1）	（2）	（3）	（4）	（5）	（6）	（7）
	first	second	second	second	second	second	second
	Gw_a	F.ROA	F.FCkz	F.ROA	F.Tobin'sQ	F.FCkz	F,Tobin'sQ
Gw_mean	0.748***	0.579***	1.247***	0.487***	-0.164***	1.252***	-0.118***
	（0.0316）	（9.68）	（4.15）	（9.81）	（-9.48）	（4.17）	（-9.13）
FCkz				-0.0693**			-0.0366***
				（-2.40）			（-6.20）
Growth	0.0000217***	-0.000343***	-0.00000148	0.000343***	0.00000908	0.000000114	0.00000908
	（0.43）	（-4.88）	（-0.00）	（-4.88）	（0.63）	（0.00）	（0.63）
Debt	-0.000228**	-0.00268***	0.000774	-0.00263***	-0.00238***	0.000764	-0.00235***
	（0.581）	（-2.64）	（1.52）	（-2.59）	（-11.42）	（1.50）	（-11.32）
CEOchg	0.00420***	0.0164	0.0111	0.0172	-0.00410	0.0110	-0.00370
	（0.146）	（0.62）	（0.84）	（0.65）	（-0.76）	（0.83）	（-0.69）
Duality	0.00151	-0.0126	0.0179	-0.0113	0.00285	0.0183	0.00352
	（0.226）	（-0.29）	（0.84）	（-0.27）	（0.33）	（0.86）	（0.40）
Largest10	-0.0179***	0.000887	-0.00336***	0.000654	-0.000672**	-0.00336***	-0.000795**
	（0.393）	（0.58）	（-4.34）	（0.42）	（-2.13）	（-4.34）	（-2.52）
size	0.0397***	0.366***	-0.0163	0.364***	0.126***	-0.0166	0.125***
	（0.176）	（10.92）	（-0.97）	（10.89）	（18.29）	（-0.99）	（18.27）
age	-0.00752***	-0.0684***	-0.0126***	-0.0693***	-0.0116***	-0.0125***	-0.0121***
	（0.000417）	（-8.84）	（-3.25）	（-8.95）	（-7.31）	（-3.23）	（-7.62）
ΔGw_a	-0.0439***	0.333***	-0.0415*	0.330***	0.0752***	-0.0415*	0.0737***
	（0.294）	（6.88）	（-1.71）	（6.82）	（7.58）	（-1.71）	（7.45）
Industry	控制						
Year	控制						

续　表

_Cons	0.0733**	0.00106**	0.00891**	0.00107**	-0.00355***	-0.00356***	-0.00349***
	（0.82）	（2.48）	（0.41）	（2.50）	（-4.95）	（-4.97）	（-4.85）
N	5895	5895	5895	5895	5895	5895	5895
r2_w	0.0580	0.179	0.146	0.184	0.179	0.146	0.190

注：回归系数下方括号内是标准差，***、** 和 * 分别表示通过显著水平为 1%、5% 以及 10% 的检验

表 6-13 和表 6-14 报告了使用工具变量法的回归结果。从表 6-13 和表 6-14 可知，第一阶段的回归中，工具变量与解释变量存在显著的正相关关系，根据以往的研究，本文认为合并商誉的行业均值（Gw_mean）可以作为工具变量进行第二阶段的回归。在第二阶段的回归中可见，即使替换了原解释变量为工具变量，回归结果仍然与原回归保持一致，合并商誉的账面价值会增加企业的融资约束程度，且融资约束在合并商誉账面价值对企业绩效的负面影响中起到中介效应，且这种效应能够影响到企业滞后一期的绩效。综上所述，本文对原回归可能存在的内生性问题进行了处理，回归结果仍然保持稳健。

本章小结

承接前述研究，本章对合并商誉账面价值与融资约束以及企业绩效的关系进行了研究。得出如下结论：

现行准则下上市公司所确认的合并商誉的账面价值不但没有缓解企业所面临的外部融资约束，反而加剧企业面临的融资约束。

国有企业产权以及四大审计能够对合并商誉账面价值增加企业融资约束的关系起到一定程度的抑制作用，这种抑制作用一般能够持续到企业滞后一期的融资约束回归中。但是在合并商誉账面价值与企业滞后一期的融资约束的回归中，相比四大审计，产权性质的调节作用更为显著。这也丰富了以往对于产权性质以及审计质量与融资约束关系的研究结果。

在融资约束的中介效应分析中发现，合并商誉账面价值的存在加剧了企业所面临的外部融资约束，从而对企业的绩效产生负面影响。融资约束在合并商誉与企业绩效的关系中起到部分中介效应。合并商誉只有核心部分，即因协同效应产生的商誉能够对企业绩效产生一定程度的正面影响，而由于盈余管理、计量不当、价格误差等因素产生的合并商誉对于融资活动以及企业后续的业绩表现是不利的影响。结合本文前两章的研究结论，虽然合并商誉的增加会给企业短期绩效带来一定积极影响，但不能就此忽略业已形成的巨额商誉账面价值对企业绩效的影响，以往文献仅仅着重于分析合并商誉的增加确认对企业绩效的影响且大多局限于对合并商誉对企业绩效的直接影响。本章则通过对于合并商誉对企业融资约束的影响以及融资约束的中介效应分析，探究了合并商誉账面价值对企业绩效的间接影响。

研究结论及政策建议

第一节 研究结论

自我国06版会计准则颁布实施以来，我国商誉会计处理也与国际会计准则进行了趋同：非同一控制下企业合并中，以并购对价大于被购买企业可辨认净资产公允价值的差额确认为合并商誉。合并商誉作为一项单独资产列报，其且后续计量仅采用减值测试方法。现今资本市场，合并商誉已然成为我国上市公司资产的重要组成部分，对于企业的资产结构，负债水平以及企业业绩等财务指标皆有重要的影响。那么，合并商誉对企业绩效的影响究竟如何？又是通过何种机制产生的？本文以我国A股市场2007—2016年上市公司为样本，系统地研究了合并商誉对企业绩效的影响。得出如下基本结论：

从我国资本市场合并商誉发展趋势方面来看，我国A股上市公司合并商誉的总额、商誉占总资产比重以及商誉减值都有大幅增长，尤其受到并购浪潮的影响，近几年有跨越式的增长趋势。从行业分布看，信息传输、软件和信息技术服务业，商誉余额及其减值增幅较大，且商誉余额占总资产比重较大，减值风险凸显。从板块分布看，创业板商誉余额、商誉减值以及商誉占总资产比重的增幅都是最大的。可见，在轻资产比重较大的企业和创业板企业中合并商誉及其减值增长最快，主要原因是这些企业资产估值中涉及较多主观判断成分，合并商誉容易被利用为盈余管理的工具，更容易出现巨额减值风险。

从合并商誉对企业绩效的影响方面，本研究并未发现合并商誉能够为企业带来当期或持久的超额收益。现行会计准则下的合并商誉的确认来自于并购的价差，包含相当程度的"非核心商誉"部分，与其超额收益本质有一定程度偏离。合并商誉对企业绩效的影响根据本文对合并商誉的分类具有不同的作用。本文将合并商誉分为当期确认的合并商誉和业已形成的合并商誉（合并商誉账面价值）分别考察其对企业绩效的影响。当期确认的合并商誉对企业当期绩效具有一定积极影响，但是并不持久。而商誉的账面价值对企业当期、滞后一期甚至更长期间的绩效具有显著的负面影响。此外，行业集中度对于合并商誉对企业绩效的影响具有正向调节作用，行业集中度能够增加当期确认的合并商誉对企业绩效的积极影响以及缓解商誉账面价值对企业绩效的负面影响。主要原因是因为集中度较高的行业中企业间的并购更容易产生协同效应，且由于行业竞争地位更高的企业本身在并购之初就具有较强议价能力，不容易过度支付，造成商誉被高估，因此这种类型的并购产生的合并商誉信息质量较好，更容易对企业绩效具有积极影响。

从合并商誉对企业绩效影响的作用机制方面，本文首先分析了当期确认的合并商誉对企业绩效的作用机制，研究发现：企业当期确认的合并商誉增加了企业正向的盈余管理程度，同时，股权支付方式对二者关系具有显著的正向调节作用，即股权支付方式的广泛运用加剧合并商誉确认过程中的盈余管理程度。更进一步地，以盈余管理作为中介变量对合并商誉与企业绩效的关系进行检验的过程中发现，盈余管理在合并商誉与企业绩效的关系中起到部分中介效应，即企业当期确认的合并商誉对企业绩效的积极影响有相当程度是通过正向的盈余管理来实现的。此种情况下的合并商誉包含一定程度的估值泡沫，对企业长期的绩效并无本质上的改善。

从合并商誉对企业影响的第二个作用机制来看，本文分析了合并商誉账面价值对企业绩效影响的作用机制，研究发现：由于盈余管理与计量不当等因素引起合并商誉会计信息质量下降，以及信息披露的不足，增加了企业与投资者之间的信息不对称，对上市公司获取外部融资产生不利影响，合并商誉的账面价值增加了企业外部融资约束的程度。但是国有企业产权性质和四大审计能够对合并商誉对企业融资约束的关系起到负向的调节作用，即二者能够在一定程度上抑制合并商誉账面价值所造成的企业外部融资约束。主要是因为，合并商誉账面价值对融资约束的加剧是由于商誉会计信息质量下降引起的信息不对称而导致的，国企产权性质和审计质量的提高有利于提高合并商誉的会计信息质量，从而能够缓解因信息不对称造成的融资约束。更进一步地，本文以融资约束作为中介变量考察了合并商誉账面价值对企业绩效的影响，发现融资约束在合并商誉账面价值与企业绩效的关系中起到部分中介效应。即合并商誉账面价值加剧了企业所面临的外部融资约束，从而对企业绩效产生了负面的影响。

第二节　政策建议

一、监管方面

1. 由于会计与资本市场天然的联系，商誉会计的发展完善与资本市场的建设完善是相辅相成的，首先，合并商誉的确认就涉及公允价值，因此能够获取可靠层级较高的公允价值是合并商誉能够得到合理估值确认的第一步，所以对资本市场的建设和完善是提高决策有用观下会计信息质量的基础。其次，我国的商誉会计后续计量减值测试采用直接法一定程度上考虑了准则制定当时基于我国资本市场欠发达的状况，相较于发达国家，公允价值在活跃的公开市场上的报价难以取得，所以只采用了一步法进行减值测试。因此，完善商誉会计及其后续的计量，首先应该致力于发展和健全我国的资本市场，为会计的发展提供良好的市场环境，为商誉的计量提供可靠的公允价值作为估值的基础。同时反过来，会计准则的完善又能够进一步服务于资本市场的发展。

2. 应加强对于存在较高商誉减值风险的行业的监管，对于商誉占资产比重较高的行业和公司，跨界并购，行业集中度较低的公司更应加强监管力度，保护投资者利益，防止上市公司利用商誉及其减值进行盈余管理的行为。风险管控应重点关注信息传输、软件和信息技术服务业以及创业板，该行业和板块的特征使得并购中容易出现过高估值现象，导致商誉泡沫产生，减值风险较大，应着重规范。

3. 加强会计信息披露的要求及事后的监督审查，由上述结论可知我国目前上市公司报表中对于合并商誉及其减值的信息披露较少，且并不规范。我们认为应该加强对于商誉的相关信息的披露力度，对于报表中的信息应做到明确易懂，而对于出具评估报告进行减值测试的，评估报告应该公开易得以便于投资者及监管者能够充分获得商誉及其减值的相关信息。

4. 除了依靠审计从业者的自觉性，有关的政府部门也应当加强监管力度，加大对违规注册会计师和上市公司的惩戒力度，为商誉减值准则的顺利实施创造良好的制度环境。

5. 增强我国评估机构的独立性，强化评估机构应承担的责任。商誉的计量对资产评估结果的依赖使得评估机构的独立性是增强商誉计量结果客观性的保障。如本文前述研究可知，我国目前的评估机构可以采用合伙制和公司制，公司制下股东只以出资额对公司承担有限责任。因此，如果为并购服务的第三方估值公司是公司制时，即使在因评估公司与上市公司合谋舞弊的情形下，而给公司带来损失也仅限于其出资额，而这些机构的设立成本有时甚至不如一单商誉的价值。鉴于评估机构在商誉确认和计量中的作用，本文建议应该强化其承担的责任（如规定为上市公司提供服务的评估机构应仅限于合伙制评估机构），增强评估机构的独立性以确保评估结果的可靠性。

二、准则完善方面

提高商誉会计信息质量，除了外部监管，更重要的是从准则的层面出发，重新审视现行合并商誉会计准则中存在的问题，尤其是对于合并商誉的确认和后续减值中赋予企业的较大自由裁量权的改进，建立更为合理的商誉估值规范以及更为客观的后续减值测试模型。

（一）对合并商誉初始计量方法的改进

根据本文的理论与实证分析，我国现行准则下合并商誉的初始计量金额存在被高估的情况，企业蓄意高估的合并商誉与商誉的超额收益本质有所偏离，因此无法对企业的绩效产生本质的改善，成为企业的利润"调节阀"。且商誉会计信息质量的下降使得企业面临融资约束而有损企业绩效。因此准则改进的第一步，首先是对合并商誉初始计量方法的改进。

根据我国《企业会计准则第 20 号——企业合并》中对合并商誉的定义，现行合并商誉的初始确认来自于非同一控制下企业合并中，购买方合并成本大于被购买方可辨认净资产公允价值的差额。即：

$$GW = PC - FV \qquad (7\text{-}1)$$

其中：GW 为合并商誉的估值；

PC 为合并成本；

FV 为被购买方企业可辨认净资产公允价值。

根据本文的理论及实证结果可知，对计量方法的改进首先是对合并商誉的"去杂质"化，剔除与商誉本质无关的因素：

1. 鼓励上市公司在估计被购买方可辨认净资产公允价值时候尽可能确认可辨认的资产和负债，尤其是无形资产，以避免这部分金额被计入合并商誉的价值。应当对当前估值方法进行改革，或者探索新的、有效的评估方法，对一些可剥离的无形资源以及其他非常规资产（如稳定的客户群、适销对路的营销策略、优秀的研发团队等经营过程中形成的核心无形资产）进行估值，将其从商誉中分离出来，仅保留严格满足商誉"无法辨认且无法与企业剥离"条件的这部分价值。

2. 并购中的合同权益价值，这些合同所具有的权益价值是并购过程中形成的重要的无形资产。主要包含两类合同：一是业绩补偿承诺；二是业禁止协议。但是这两类合同均可以辨认，业绩补偿承诺属于实物期权，竞业禁止协议也属于可辨认无形资产，可见，二者均不符合商誉的定义中关于"无法辨认"这一条件。因此，在并购中形成的合同权益价值不应作为合并商誉的构成要素，应就其价值予以从购买价格中予以剔除。同时本文建议将合并商誉的定义也应予以相应地修订，将原准则中的"被购买方可辨认净资产公允价值"改为"并购方合并前及合并过程中所取得的被购买方可辨认净资产公允价值"。

3. 反向并购，借壳上市是近年来非上市公司为了避开 IPO 的复杂审查程序而得以迅速上市的途径。在反向并购中买方溢价支付中实质是为了取得壳资源的部分不符合商誉的本质，因为借壳上市中的被并购方，通常是业绩较差，经营不善的上市公司，且大部分主并方与被并方的主营业务并不相关，主并方仅仅只是为了取得壳资源的情况下，上市成功之后通常会将原有壳资源的公司主营业务进行转换，也很难产生并购后的协同效应。因此，这种情形下的溢价支付与合并商誉的超额收益能力和"核心商誉"的本质不符，即使存在商誉，也主要来自于主并方原有的竞争优势，因此，本文认为，在反向并购中实质为购买壳资源而产生的溢价支付部分不应作为合并商誉的构成要素。在反向并购中，如果企业业务达标则采用反向并购购买法对并购进行核算，那么并购溢价将作为合并商誉予以确认。而如果企业采用权益法对并购进行会计处理，则商誉计入资本公积，无须在后续经营期间面临减值风险，对企业后续的融资活动和经营活动较为有利。因此，本文认为，对于实质为购买壳资源的溢价支出部分，也可参考权益法下会计处理，将这部分金额计入资本公积，而不作为合并商誉的估值部分，以此降低合并商誉被高估的可能性，同时降低后续的减值风险。

除了上述不符合商誉本质的"杂质"外，合并商誉的初始计量中还包含部分被高估的溢价"泡沫"成分，根据本文的研究可知，这部分因素可以从几个方面来判断：

1. 盈余管理因素。通过本文前述的研究可知管理层利用商誉计量中的自由裁量权进行蓄意高估商誉的价值。盈余管理因素可以根据并购前被并企业的应计盈余管理程度（DA）

进行考量。如果并购前被并企业的 DA 为正且显著异于以往年度，应考量对合并商誉的估值进行向下调整。

2. 并购过程中投资者过度反应引起的股价波动。投资者过度反应因素可以通过并购事件的累积异常回报率（CAR）来进行考量，针对并购前期及其并购中累积异常回报率为正且显著提升的可以考虑对合并商誉的估值进行向下调整。

3. 过度支付。过度支付方式可以从股权支付方式（stockpayment）来进行考量，根据本文的研究结果，股权支付方式对于商誉的溢价估值和商誉估值中的盈余管理程度产生了积极的作用，因此对于并购重组中仅采用股权支付方式的合并商誉估值可以考虑进行向下调整。对以股权为支付对价的并购，建议将发行股份形式支付并购对价与现金支付的差异单独计量，该部分价值和股权兑现期限的关联较大，可据限售股的解套时间分摊，并对不同的资产增值幅度规定不同的限售期限，减少巨额商誉的产生。

4. 价格误差

在并购交易中购买方可能由于谈判能力、"管理层过度自负""非理性竞争"或者出于代理问题（如利益输送等动机）而主动或者被动地接受偏离市场价值的错误的价格。此部分误差也不符合合并商誉的本质，不应作为合并商誉的构成要素进行计量。谈判双方的议价能力可以从行业集中度（HHI）的角度进行考量。根据本文的研究，行业集中度对于合并商誉对企业绩效的影响具有正向的调节作用，即行业集中度高的行业中上市公司所披露的合并商誉信息质量较好。因此，如果并购方处于行业集中度较低的行业，则应考虑对合并商誉的估值进行向下调整。

综上所述，对于现行会计准则下合并商誉的初始计量方法的改进除了"去杂质"化，还应该"去泡沫"化，以致力于使合并商誉的估值更趋近于"超额获利能力"的经济实质。本文建议对公式进行如下调整：

$$GW = PC - FV \tag{7-1}$$

其中，PC 需要调整的因素为：并购高估因素 M&Afactors（管理层代理问题引起的盈余管理 + 投资者过度反应引起的股价波动 + 过度支付 + 谈判双方的议价能力）和价格误差 Errors。

$$GW = (PC - M\&Afactors - Errors) - FV \tag{7-2}$$
$$= PC - PC \times (\beta_1 EM + \beta_2 Overreaction + \beta_3 Overpayment + \beta_4 Negotiation) - Erorrs - FV$$
$$= PC(1 - \beta_1 EM - \beta_2 Overreaction - \beta_3 Overpayment - \beta_4 Negotiation) - FV - Erorrs \tag{7-3}$$

其中：EM、Overreaction、Overpayment、Negotiation 等变量的衡量可以参考本文上述提出的采用 DA、CAR、Stockpayment、HHI 等指标作为代理变量。更进一步，FV 需要调整的因素为：并购前与并购中可辨认但未确认资产或负债（主要为并购前可辨认未确认无形资产与并购中所取得的合同性权益价值）以及公允价值未合理量化的金额。

$$GW = PC(1 - \beta_1 EM - \beta_2 Overreaction - \beta_3 Overpayment - \beta_4 Negotiation) \\ - (FV + IA + Contracts) - Erorrs \qquad (7\text{-}4)$$

其中：IA 为并购前包括并购中所取得的可辨认无形资产的价值，Contracts 为并购中合同权益价值。由此，得到调整后的商誉割差法计量公式。

（二）合并商誉后续计量改进建议

针对现行准则对于合并商誉的后续计量的减值测试法，应致力于降低其减值测试过程中的盈余管理空间以及提高减值测试效率。

1. 首先，可借鉴国际经验，采用"报告单元"作为资产组认定单位。IAS No.36 对于资产减值测试资产组划分采用"现金产出单元"（cash-generating unit）针对无法估计单个资产可回收金额的情况，现金产出单元指"从持续使用中产生现金流入的最小的可辨认资产组合，而该资产组合的持续使用很大程度上独立于其他资产或资产组合"。FASB 对资产组的认定提出了两个概念，一个是《美国财务会计准则第 144 号——长期资产减值和处置会计处理》（SFAS No.144）提出的"资产组合"（asset group），指"某项长期资产或某些资产与其他资产和负债加以组合，能在最大限度上独立于其他资产和负债产生的现金流量，且是最小的组合"。但是针对商誉减值测试，FASB 采用"报告单元"（reporting unit）（《美国财务会计准则第 142 号——商誉和其他无形资产》（SFAS142））作为资产组的认定概念。根据 SFAS No.142，报告单元指"一个经营分部或经营分部的组成部分。一个经营分部的组成部分如果构成一项能在财务信息上进行区分且经营成果经常被经营分部管理层评估，则该组成分部是一个报告单元。但如果经营分部的组成部分在特征上类似，则该经营分部是一个报告单元。"而我国《企业会计准则第 8 号——资产减值》（CAS No.8）关于资产组的认定采用"资产组"概念，根据 CAS No.8，资产组是指"企业可以认定的最小资产组合，其产生的现金流入应当基本上独立于其他资产或者资产组产生的现金流入"可见我国准则中的"资产组"概念与 IAS No.36 中的"现金产出单元"、SFAS No.144 中的"资产组合"是趋同的，但这种概念却存在以下几点不足：第一，CAS No.8 关于资产组的定义并未强调现金流产生资产组的状态是持续使用中的资产，这一点使得待售资产的可收回金额与持续使用中的资产可收回金额的确定产生混淆；第二，以现金流入是否独立于其他资产来作为资产组划分的依据在我国的实施相较于美国和欧盟等国家较为困难，因为我国大部分企业并未有编制长期现金流量预算表的惯例，因此也致使这种资产组划分方式较为主观，留下盈余管理的空间。基于上述分析，本文认为，针对商誉减值测试，我国应借鉴美国财务会计准则 SFAS No.142 号中的"报告单元"作为资产组认定单位，因为财务核算和经营分部上的独立认定相较于现金流量产生的独立更易于辨认和识别，从而可以降低资产组划分上的随意性，以降低准则赋予商誉减值测试中的自由裁量权，进而可以一定程度上降低商誉减值测试中的盈余管理行为。

2. 目前我国商誉减值采用的是"一步法"，它是通过比较资产组的可收回金额与账面价值以确定商誉的减值损失，而《美国财务会计准则公告第 142 号——商誉和其他无形资产》（SFAS No.142）采用的是"二步测试法"确认商誉减值损失，即，第一步测试包含商誉的资产组的公允价值，并在此基础上测试商誉的公允价值，如果报告单位的公允价值超过其账面价值，商誉就被认为没有发生减值，那么，就不需要进行减值测试的第二步；第二步将商誉的公允价值与其账面价值进行比较，以测试商誉的减值损失。除了"两步法"外，FASB还提出在减值测试之前引入定性分析，如果定性分析的结果表明并无减值迹象，则无须进行商誉减值测试。从成本效益的角度，本文认为"两步法"与定性分析优于"一步法"，商誉减值的相关准则的完善可以考虑向"两步法"趋同，同时参照FASB的做法，引入定性分析以避免不必要的减值测试流程。此外，如果在引入公允价值计量后，在第一层级公允价值无法可靠获得的情况下，建议用收益法来估计公允价值，而非直接计算未来现金流量现值。尽管收益法估计的现值起点计算时使用的现金流量代表特定主体的现金流量，即，源自管理层最佳估计，但其规定使用的折现率是反映货币时间价值和资产特有风险当前市场评价的折现率。也就是说收益法估计的公允价值强调了市场参与者的角度的定价，而非全盘基于管理层的估计，本文认为这可以增加估值的客观性，而有助于减少商誉减值测试中的盈余管理行为，并且有利于保护投资者的利益。

3. 由本文前述理论分析可知，由于并购前被购买方未确认自创商誉也被计入合并商誉的初始计量金额中，如果这部分自创商誉的价值足够大，则可能为商誉的减值提供"保护伞"，使得原本基于经济环境变化商誉价值下降应该计提的减值被延迟到自创商誉消耗殆尽之后才能被检测到。为避免这部分自创商誉对商誉减值测试过程的影响，可参照IASB 2016年[①] 提出的并购前净空法（PAH——pre-acquisition headroom）对其进行处理。

4. 由于不少研究已经证实现今合并商誉对于企业的绩效的积极影响并非如理论预期的持久，所以将巨额的商誉保留账面容易引起公司估值的误差，因此也应慎重考虑是否应重新引入摊销的方式，以更为稳健的摊销方式来逐渐将并购中由于过高估值产生的对企业无益的"价差商誉"进行处理。目前对于商誉的后续计量方法反对摊销的主要观点是基于"超额收益观"的合并商誉本质，即认为合并商誉给企业所带来的价值是长期的，不一定会时间所消失，因此认为摊销的方法不符合如实表述的原则。但根据本文的理论分析可知合并商誉的初始计量方法主要是基于"总计价账户观"，且本文的实证研究表明，我国A股上市公司所披露的合并商誉对于企业的绩效和市场价值所产生的积极影响都是短期的，随时间推移迅速衰减，甚至对于滞后期间的业绩会产生负面影响，因此本文认为合并商誉的初始计量理论基础与后续计量理论基础存在前后逻辑的不一致。本文建议考虑重新在商誉的后续计量中引入摊销的方法，采用摊销与减值相结合的方法作为上市公司合并商誉的后续计量方法。同时，在本文的实证研究中并未有迹象表明上市公司的合并商誉能够为企业带来超额收益，因此，将巨额的计价差额保留在账面上不予摊销，首先会使得上市公司在合并后价值容易被高估，虚资产增多，且企业可以通过计提巨额减值来对公司进行"大清洗"的盈余管理行为。重新考虑引入摊销的方法，能够一定程度上避免企业利用商誉做高企业估值后，又利用巨额减值操纵利润而引起上市公司业绩大幅波动。引入摊销，也会使

---

① IASB.Agenda Paper 18B：Goodwill and Impairment：Subsequent accounting for goodwill[EB/OL].[2016-06].https：//www.iasplus.com/en/meeting-notes/iasb/2016/june/goodwill-and-impairment.

得企业合并后面临长期的摊销费用，商誉价值越高，相应地摊销费用越大，可以迫使使企业更谨慎地对待并购重组，对部分企业利用并购盲目扩张起到一定约束作用。

5. 此外，针对摊销的年限，不应与旧准则类似采用"一刀切"的统一年限。根据本文的研究可知，商誉占总资产比重较大和商誉减值问题频发的行业多为"轻资产"公司（指无形资产比重较大的公司），如信息传输、软件和信息技术服务业和文化、体育和娱乐业以及中小创企业。首先这些行业的集中度相对较低，竞争较大，并购后产生的协同效应很容易由于同行模仿竞争而迅速消失；其次这些行业的商誉与传统制造业的商誉核心要素有所不同，例如可口可乐的公司的商誉主要来自于其独特的配方和工艺，这种商誉不易消失，但信息技术和文化产业的商誉主要来自于人力资本，相对于以"物"为依托的商誉，这种以"人"为依托的商誉价值更容易随人才流失而减少或消失。因此，本文认为，即使重新考虑引入摊销作为商誉的后续计量方法，但是更重要的是应该根据不同行业来设定符合其行业特征的摊销年限，"因行业制宜"，针对"轻资产"型公司的行业和中小创企业以及行业集中度较低的行业可采用相对较短的摊销年限。

第三节　研究展望

自商誉概念出现，历经几个世纪的发展，从"地理上之商誉"扩展为"销售上之商誉"进而到"管理上之商誉"再到 FASB 提出的"核心商誉"，商誉的内涵因行业而不同，随时代而变迁。实务准则的探索也随理论演进而不断完善，比如后续计量从摊销到减值，商誉会计问题的研究虽然取得了很大的成效，相关成果也已经体现在不同国家或地区所制定的会计准则之中并对会计实务产生了重要影响，但由于商誉及其减值问题的特殊性与现实经济活动中的不可回避性，可以说是成果与问题并存。商誉会计的研究前期侧重其本质与要素等内涵方面的研究，经历过繁荣阶段也逐渐式微，但随着资本市场的发达，并购业务的增加，可预见商誉会计研究会有一个复兴的时代，而未来的研究应该更多关注商誉与资本市场的联系，由内涵逐步拓展外延，并提供更为具体的实务指引和规范。本文认为今后商誉会计的研究重点有如下几个方面的问题：

第一，经济的发展，科技的进步，时代的变迁赋予了商誉不同的含义，在当今知识经济下，人力资源和知识的累积以及管理的效率等要素对企业发展的贡献已经越来越凸显，并超过其他资源。而这些以人力资本为依托的为企业带来超额收益的能力，是当今商誉的主要本质。而现行的准则下对合并商誉的确认仅仅只源于并购的价差，并未完全捕捉商誉的本质。在会计上予以确认计量商誉，但商誉的内涵已经超过会计核算的范围，目前的会计准则强调对"物"的核算，而鲜少涉及"人"的价值。这便是未来商誉会计研究需要解决的第一大问题——如何定义知识经济时代下商誉的本质。这是后续研究的重要理论基础，并应以此为综，发展商誉的计量方法，根据商誉的本质探索计量方法，而非根据计量方法

（如割差法）来定义商誉（合并价差）。

第二，商誉计量方法的研究。现行会计准则下合并商誉引起的问题很大程度源自商誉计量方法的不合理。同时，商誉的估值方法的发展也是解决自创商誉入账的基础，对商誉会计的改进和完善起到至关重要的作用。因此，未来关于商誉研究应致力于完善商誉的计量和估值方法。现有文献有提出以实物期权定价模型对合商誉割差法进行完善的观点，也有提出以模糊综合评价法直接对商誉进行评估的建议，但都尚未完全解决商誉的计量问题，且并未得到运用。本文认为，间接计量法与商誉的本质不符，探寻新的符合商誉超额获利能力的直接计量方法是研究的重点，同时也是难点。商誉的计量是会计的一大难题，但也不仅仅是会计学科的难题，要解决商誉计量的问题，不仅仅需要会计理论，也需要数学、资产评估、人力资源学等多方面的理论基础，需要跨学科通力合作。

第三，商誉的后续计量改进。现今资本市场商誉引发的问题主要来自于商誉减值，对于合并商誉的后续计量方法改进仍是今后关于商誉研究的重点。在考虑成本效益原则下，提高商誉减值测试的效率，反映并购后经济环境与企业盈利能力的变化而非管理层盈余管理的结果，提高商誉减值信息的价值相关性，是对合并商誉减值方法改进的重中之重。但是考虑到对于仅采用减值测试方法作为合并商誉后续计量方式的质疑，因此探寻除减值之外更为合理的合并商誉后续计量方法也是未来商誉会计值得研究的话题。

简言之，在商誉及其会计方面所涉及的理论与实务问题较多，需要我们研究和值得我们研究的问题也很多。我们应当积极关注并深入研究，并将其成果不断地体现在相应的会计准则之中，以指导当前和未来的商誉会计实务。

主要参考文献

[1] 埃尔登·亨德里克森.会计理论 [M].上海：立信会计图书用品社，1987.

[2] 白云霞.商誉会计理论的重构 [J].财会月刊，1999（12）：3-4.

[3] 柏立团.商誉"炼金术" [J].董事会，2018（08）：32-35.

[4] 财政部.企业会计制度（2000）[S].

[5] 财政部.企业会计准则（2006-2017）[S].

[6] 财政部会计司等.企业会计准则讲解 [J].人民出版社，2010.

[7] 蔡吉祥：无形资产学 [M].深圳：海天出版社，1999.

[8] 蔡春，黄益建，赵莎.关于审计质量对盈余管理影响的实证研究——来自沪市制造业的经验证据 [J].审计研究，2005（2）：3-10.

[9] 常华兵，仲晓东.对商誉理论的若干思考 [J].商业研究，2004（21）：11-13.

[10] 常华兵.对商誉本质理论研究的质疑与思索 [J].河北经贸大学学报，2004，25（2）：77-82.

[11] 查奇芬，曹媛媛等.融资约束、代理成本与企业绩效——基于中小板上市企业面板数据的实证分析 [J].财务与金融，2017（6）：80-84.

[12] 陈立军.自创商誉相关会计问题的探讨 [J].财经问题研究，2003（12）：83-85.

[13] 陈汉文，林勇峰，邢立全.有毒资产肆虐，命门在内部控制 [N].经济观察报，2018-03-07.

[14] 崔静.商誉的本质——协同效应 [A][J].商誉会计研讨会论文集，2010.

[15] 代冰彬，陆正飞，张然.资产减值：稳健性还是盈余管理 [J].会计研究，2007（12）：35-42.

[16] 代颖娜.借壳上市中巨额商誉问题研究——以奥瑞德公司为例 [J].企业改革与管理，2017（7）：43-44.

[17] 戴德明，毛新述，邓璠.中国亏损上市公司资产减值准备计提行为研究 [J].财经研究，2005，31（7）：71-82.

[18] 邓小洋.商誉会计论 [M].立信会计出版社，2001.

[19] 邓小洋.自创商誉的几个基本问题 [J].财经研究，2003，29（1）：76-80.

[20] 董必荣.试论企业核心能力与商誉的关系 [J].北京工商大学学报：社会科学版，200318（5）：21-26.

[21] 董必荣.自创商誉问题研究——一种"资源基础竞争优势观" [D].厦门大学，2004.

[22] 董笑晗，张彤.不同行业竞争度下的国有企业并购绩效研究 [J].沈阳理工大学学报，2015，34（5）：82-87.

[23] 杜兴强，杜颖洁，周泽将.商誉的内涵及其确认问题探讨 [J].会计研究，2011（1）：11-16.

[24] 杜兴强，温日光.公司治理与会计信息质量：一项经验研究 [J].财经研究，2007，33（1）：122-133.

[25] 杜兴强.商誉的性质及对权益计价的影响——理论分析与基于企业会计准则（2006）的经验证据 [C]// 商誉会计研讨会论文集 .2010.

[26] 定增并购圈：白交易？并购确认 1.26 万亿商誉，减值引爆业绩地雷！，2018-02-09.http：//www.360doc.com/content/18/0209/22/30681898_729033960.shtml.

[27] 冯根福.双重委托代理理论：上市公司治理的另一种分析框架——兼论进一步完善中国上市公司治理的新思路 [J].经济研究，2004（12）：16-25.

[28] 冯晶，徐柏.制度环境、无形资产信息披露质量与融资约束——来自创业板的经验证据 [J].特区经济，2017（1）：43-50.

[29] 冯卫东，郑海英.复杂股权结构下合并商誉确认与初始计量问题研究 [J].中央财经大学学报，2014（3）：69-74.

[30] 冯卫东，郑海英.企业并购商誉计量与披露问题研究 [J].财政研究，2013（8）：29-32.

[31] 冯卫东，郑海英.知识经济下商誉会计：理论诠释与准则改进 [J].财经问题研究，2013（11）：92-96.

[32] 冯卫东.基于知识经济的商誉会计：理论研究与准则改进 [M].东北财经大学出版社，2015.

[33] 冯科，杨威.并购商誉能提升公司价值吗？——基于会计业绩和市场业绩双重视角的经验证据 [J].北京工商大学学报（社会科学版），2018（3）.

[34] 傅超，杨曾，傅代国."同伴效应"影响了企业的并购商誉吗？——基于我国创业板高溢价并购的经验证据 [J].中国软科学，2015（11）：94-108.

[35] 傅超，王靖懿，傅代国.从无到有，并购商誉是否夸大其实？——基于 A 股上市公司的经验证据 [J].中国经济问题，2016（6）：109-123.

[36] 高敬忠，周晓苏，王英允.机构投资者持股对信息披露的治理作用研究——以管理层盈余预告为例 [J].南开管理评论，2011，14（5）：129-140.

[37] 葛家澍.当前财务会计的几个问题——衍生金融工具，自创商誉和不确定性 [J].会计研究，1996（1）：3-8.

[38] 葛结根.并购对目标上市公司融资约束的缓解效应 [J].会计研究，2017（8）：68-73.

[39] 郭均英，赵钰婷.资产减值准则对盈余管理的影响——来自中国上市公司的经验证据 [J].经济评论，2008（6）：82-89.

[40] 郭雪萌，余瑞娟.商誉能否反映企业超额收益能力 [J].北京交通大学学报（社会科学版），2016，15（1）：87-97.

[41] 何海，苏淑敏.自创商誉的计量等几个问题的思考 [J].财务与会计，2004，1：016.

[42] 何梦兰，陈矜.并购商誉与企业绩效相关性的实证研究 [J].当代会计，2018（7）.

[43] 况学文，施臻懿，何恩良.中国上市公司融资约束指数设计与评价 [J].山西财经大学学报，2010，32（5）：110-117.

[44] 李谷音.合并商誉减值会计处理浅析 [J].财会通讯：综合版，2009（12）：68-69.

[45] 李金凯.担保网络如何影响企业绩效——基于融资约束和利益输送双重视角的研究 [J].山西财经大学学报，2018，40（2）：112-124.

[46] 李井林，刘淑莲，韩雪.融资约束、支付方式与并购绩效 [J].山西财经大学学报，2014，36（8）：114-124.

[47] 李姝，黄雯.长期资产减值、盈余管理与价值相关性——基于新会计准则变化的实证研究 [J].管理评论，2011，23（10）：144-151.

[48] 李玉菊，张秋生，谢纪刚.商誉会计的困惑，思考与展望——商誉会计专题学术研讨会观点综述 [J].会计研究，2010（8）：87-90.

[49] 李玉菊.基于企业能力的商誉计量方法研究 [J].管理世界，2010（11）：174-175.

[50] 李玉菊.有关商誉理论的几个基本问题探讨 [C]// 商誉会计研讨会论文集，2010.

[51] 连玉君，彭方平，苏治.融资约束与流动性管理行为 [J].金融研究，2010（10）：158-171.

[52] 刘健，黄菊珊.《对商誉的再认识》质疑 [J].会计研究，1999（2）：39-41.

[53] 刘京军，徐浩萍.机构投资者：长期投资者还是短期机会主义者？ [J].金融研究，2012（9）：141-154.

[54] 刘立国，杜莹.公司治理与会计信息质量关系的实证研究 [J].会计研究，2003（2）：28-36.

[55] 刘启亮，罗乐，何威风等.产权性质、制度环境与内部控制 [J].会计研究，2012（3）：52-61.

[56] 刘永泽，张多蕾，唐大鹏.市场化程度、政治关联与盈余管理——基于深圳中小板民营上市公司的实证研究 [J].审计与经济研究，2013（2）：49-58.

[57] 卢煜，曲晓辉.商誉减值的盈余管理动机——基于中国 A 股上市公司的经验证据 [J].山西财经大学学报，2016，38（7）：87-99.

[58] 陆建桥.中国亏损上市公司盈余管理实证研究 [J].会计研究，1999（9）：25-35.

[59] 陆正华，戴其力，马颖翩.上市公司合并商誉减值测试实证研究——基于盈余管理的视角 [J].财会月刊，2010（11）：3-6.

[60] 吕超.并购类型、并购商誉与市场反应 [J].财会通讯，2018（15）.

[61] 罗飞.谈论商誉的性质及购买商誉的会计处理 [J].会计研究，1997（1）.

[62] 罗进辉，万迪昉，李超 . 资产减值准备净计提、盈余管理与公司治理结构——来自 2004—2008 年中国制造业上市公司的经验证据 [J]. 中国会计评论，2010（2）：179-200.

[63] 罗雪琴 . 美国商誉准则变迁及启示 [J]. 财会通讯：综合（下），2009（9）：80-82.

[64] 孟文静 . 支付方式对商誉价值相关性的影响 [D]. 北京交通大学，2013.

[65] 漆江娜，陈慧霖，张阳 . 事务所规模·品牌·价格与审计质量——国际"四大"中国审计市场收费与质量研究 [J]. 审计研究，2004（3）：59-65.

[66] 钱明，徐光华，沈弋 . 社会责任信息披露、会计稳健性与融资约束——基于产权异质性的视角 [J]. 会计研究，2016（5）：9-17.

[67] 屈文洲，谢雅璐，叶玉妹 . 信息不对称、融资约束与投资—现金流敏感性——基于市场微观结构理论的实证研究 [J]. 经济研究，2011（6）：105-117.

[68] 曲璐璐 . 商誉会计新探 [J]. 财会月刊，2003（11A）：12-13.

[69] 曲晓辉，卢煜，汪健 . 商誉减值与分析师盈余预测——基于盈余管理的视角 [J]. 山西财经大学学报，2016，38（4）：101-113.

[70] 曲晓辉，卢煜，张瑞丽 . 商誉减值的价值相关性——基于中国 A 股市场的经验证据 [J]. 经济与管理研究，2017，38（3）：122-132.

[71] 沈红波，寇宏，张川 . 金融发展、融资约束与企业投资的实证研究 [J]. 中国工业经济，2010（6）：55-64.

[72] 孙亮，刘春 . 公司治理对盈余管理程度的制约作用——以所有权性质为背景的经验分析 [J]. 金融评论，2010，02（03）：65-72.

[73] 搜狐财经：井喷 2015 年：中国上市公司并购重组报告，2016-01-07.http：//www.sohu.com/a/52892011_364102.

[74] 汤湘希 . 论组合无形资产——商誉的价值确认与分割 [J]. 财务与会计，2000（11）.

[75] 汤湘希 . 无形资产的确认与估价 [M]. 武汉：武汉大学出版社，1995.

[76] 汤湘希 . 无形资产会计问题研究 [M]. 北京：经济科学出版社，2009.

[77] 汤云为，钱逢胜 . 会计理伦 [M]. 上海：上海财大出版社，1997.

[78] 田丽丽 . 企业并购商誉、无形资产与市场价值 [J]. 财会月刊，2018（18）.

[79] 唐清泉，夏芸，张迪 . "大清洗"盈余操作的行为动机研究——来自我国大亏公司的经验证据 [J]. 山西财经大学学报，2008，30（3）：113-119.

[80] 网易财经：商誉恐变"伤誉"创业板公司并购后遗症隐现，2018-01-31.http：//money.163.com/18/0131/07/D9FAMK1500258152.html.

[81] 王锦 . 我国制造业上市公司并购过程中盈余管理及并购绩效研究 [D]. 山东大学，2016.

[82] 汪立元 . 合并商誉本质及会计核算方法讨论 [J]. 财会通讯，2007，9.

[83] 王秀丽 . 并购商誉、超额收益与市场反应——来自中国 A 股上市公司的证据 [J].

新疆财经，2013（5）：22-29.

[84] 王秀丽. 合并商誉的确认、减值及价值相关性 [M]. 东北财经大学出版社，2014.

[85] 王秀丽. 合并商誉减值：经济因素还是盈余管理？——基于 A 股上市公司的经验证据 [J]. 中国注册会计师，2015（12）：56-61.

[86] 王艳艳，于李胜. 股权结构与择时披露 [J]. 南开管理评论，2011，14（05）：118-128.

[87] 王跃堂，周雪张莉. 长期资产减值：公允价值的体现还是盈余管理行为 [J]. 会计研究，2005（8）：30-36.

[88] 王文姣，傅超，傅代国. 并购商誉是否为股价崩盘的事前信号？——基于会计功能和金融安全视角 [J]. 财经研究，2017，43（9）：76-87.

[89] 蔚然. 商誉计量的几个理论问题探讨 [C]// 全国商誉会计研讨会论文集，2010：64-70.

[90] 谢纪刚，张秋生. 股份支付、交易制度与商誉高估——基于中小板公司并购的数据分析 [J]. 会计研究，2013（12）：47-52.

[91] 徐泓，朱小平，杨万贵. 对商誉的再认识——公司收购的思考 [J]. 会计研究，1998（8）：30-33.

[92] 徐经长，张东旭，刘欢欢. 并购商誉信息会影响债务资本成本吗？ [J]. 中央财经大学学报，2017（3）：109-118.

[93] 徐克英. 对中外负商誉会计处理差异的思考 [J]. 商业会计：上半月，2009（16）：14-15.

[94] 徐玉德，洪金明. 商誉减值计提动机及其外部审计监管——来自 A 股市场的经验证据 [C]// 商誉会计研讨会论文集，2010.

[95] 许家林. 会计理论 [M]. 北京：中国财政经济出版社，2008.

[96] 许琼. 基于企业市场价值的合并商誉计量研究 [C]// 商誉会计研讨会论文集，2011.

[97] 阎德玉. 论商誉会计理论重构 [J]. 中南财经大学学报，1997（1）：66-71.

[98] 杨海燕，韦德洪，孙健. 机构投资者持股能提高上市公司会计信息质量吗？——兼论不同类型机构投资者的差异 [J]. 会计研究，2012（09）：16-23.

[99] 杨丽荣. 有关商誉理论的新探索 [J]. 科学. 经济. 社会，2004，22（4）：37-39.

[100] 杨汝梅，施仁夫. 无形资产论 [M]. 上海：立信会计出版社，2009.

[101] 杨威，宋敏，冯科. 并购商誉、投资者过度反应与股价泡沫及崩盘 [J]. 中国工业经济，2018（6）.

[102] 叶建芳，何开刚. 不可核实的商誉减值测试估计与审计费用 [J]. 审计研究，2016（1）：76-84.

[103] 于越冬. 人力资本与企业商誉的经济实质 [J]. 会计研究，2000，2：40-45.

[104] 于长春. 现行商誉会计处理的困惑与思考 [C]// 商誉会计研讨会论文集，2010：

36-38.

[105] 于洪远，李玉菊，郭雨鑫等.盈余管理水平对商誉减值的影响研究 [J].中国经贸导刊（理论版），2018.

[106] 余光，杨荣.企业购并股价效应的理论分析和实证分析 [J].当代财经，2000（7）：70-74.

[107] 张金鑫，王逸.会计稳健性与公司融资约束——基于两类稳健性视角的研究 [J].会计研究，2013（9）：44-50.

[108] 张敬敏.自创商誉的确认与计量研究 [C]// 商誉会计研讨会论文集，2010.

[109] 张丽达，冯均科.不同产权下上市公司商誉减值与绩效变动研究 [J].西北大学学报（哲学社会科学版），2016，46（04）：106-111.

[110] 张玲，刘启亮.治理环境、控制人性质与债务契约假说 [J].金融研究，2009（02）：102-115.

[111] 张鸣，王明虎.对商誉会计理论的反思 [J].会计研究，1998（4）.

[112] 张倩，刘斌，杨茵.准则弹性、盈余管理与市场反应——基于商誉减值准备计提的经验证据 [J].华东经济管理，2016，30（6）：166-172.

[113] 张琴，李晓玉.合并商誉会计处理的探讨 [J].会计之友，2007（09Z）：78-79.

[114] 张秋生.并购学：一个基本理论框架 [M].北京：中国经济出版社，2010.

[115] 张秋生.企业改组、兼并与资产重组中的财务与会计问题研究 [M].北京：经济科学出版社，2002.

[116] 张陶勇.对商誉会计几个问题的再认识 [J].审计与经济研究，2005，20（5）：49-52.

[117] 张婷，余玉苗.合并商誉的本质及会计处理：企业资源基础理论和交易费用视角 [J].南开管理评论，2008，4：017.

[118] 张新民，卿琛，杨道广.内部控制与商誉泡沫的抑制——来自我国上市公司的经验证据 [J].厦门大学学报（哲学社会科学版），2018（3）.

[119] 张自巧，葛伟杰.股份支付并购中存在不同的盈余管理吗？——来自中国上市公司的经验证据 [J].证券市场导报，2013（1）：23-28.

[120] 赵春光.资产减值与盈余管理——论《资产减值》准则的政策涵义 [J].会计研究，2006（3）：11-17.

[121] 赵息，宫旭.我国制造业并购中目标公司的盈余管理与并购绩效 [J].电子科技大学学报（社会科学版），2014（5）：47-51.

[122] 赵宇龙.商誉的经济性质及其会计处理 [J].会计研究，1997（5）：38-40.

[123] 郑海英，刘正阳，冯卫东.并购商誉能提升公司业绩吗？——来自A股上市公司的经验证据 [J].会计研究，2014（3）：11-17.

[124] 郑博，孙宝沙.并购潮背景下上市公司合并商誉计量问题研究 [J].会计师，2016，No.242（11）：8-9.

[125] 证券时报：A 股万亿商誉成达摩克斯之剑商誉减值后巨亏有操纵利润嫌疑，2017-02-21.http：//www.cs.com.cn/xwzx/zq/201702/t20170221_5183479.htm.

[126] 周庆岩，张建平. 现行会计准则下资产减值盈余管理的实证研究 [J]. 会计之友，2013（11）：42-46.

[127] 周晓苏，黄殿英. 合并商誉的本质及其经济后果研究 [J]. 当代财经，2008（2）：119-125.

[128] 朱德胜. 也谈企业商誉的核价与评估 [J]. 财会通讯，1996（10）：41-41.

[129] 朱永明，薛文杰，安姿旋. 融资约束、企业社会责任表现与企业绩效 [J]. 财会月刊，2016（10）：27-31.

[130] 庄粉荣. 企业商誉的核价与评估 [J]. 财会通讯，1996（4）：44-45.

[131]Abughazaleh N M，Al-Hares O M，Roberts C.Accounting Discretion in Goodwill Impairments：UK Evidence[J].Journal of International Financial Management&Accounting，2011，22（3）.

[132]Ahmed K，Chalmers K，Khlif H. A Meta-analysis of IFRS Adoption Effects[J]. International Journal of Accounting，2013，48（2）：173-217.

[133]Almici A，Camodeca R S，Bernardi M. Goodwill Impairment Testing Under IFRS Before and after the Financial Crisis：Evidence from the UK Large Listed Companies[J]. Problems and Perspectives in Management，2016，11（3）：17-23.

[134]Amelzadeh A，Faasse J，Li K，et al. Has Accounting Regulation Secured More Valuable Goodwill Disclosures？[J].Ssrn Electronic Journal，2013.

[135]Amiraslani H，Iatridis G E，Pope P F. Accounting for asset impairment：a test for IFRS compliance across Europe[M].Centre for Financial Analysis and Reporting Research（CeFARR），2013.

[136]Amy EJi.Goodwill Impairment Losses and Corporate Debt Maturity[J].Journal of Applied Economics& Business Research，2017，7（3），157-171.

[137]André P，Filip A，L P. The Effect of Mandatory IFRS Adoption on Conditional Conservatism in Europe[J] Journal of Business Finance and Accounting，2015，42（3 4）：482-514.

[138]André P，Filip A，Paugam L. Examining the Patterns of Goodwill Impairments in Europe and the US[J]. Social Science Electronic Publishing，2017：1-24.

[139]ASAF.Agenda Paper 3B. ASBJ，EFRAG& OIC Research Group Paper：Should Goodwill still not be Amortised？[EB/OL].[2014-09].http：//docplayer.net/18557479-Asaf-agenda-paper-3b-asbj-efrag-oic-research-group-paper-should-goodwill-still-not-be-amortised.html.

[140]ASAF.Agenda paper 18BAgenda Paper 18B18 October 2017，Improving effectiveness of goodwill impairment testing model.[EB/OL].[2017-10].https：//www.iasplus.com/en/meeting-

notes/iasb/2017/october/goodwill-and-impairment

[141]Asquith P, Mikhail M B, Au A S. Information content of equity analyst reports[J]. Journal of Financial Economics, 2005, 75（2）: 245-282.

[142]Avallone F, Quagli A. Insight into the variables used to manage the goodwill impairment test under IAS 36[J].Advances in Accounting, 2015, 31（1）: 107-114.

[143]Ball R, Kothari S P, Robin A. The effect of international institutional factors on properties of accounting earnings ☆ [J].Journal of Accounting and Economics, 2000, 29（1）: 1-51.

[144]Ball R. Accounting Informs Investors and Earnings Management is Rife: Two Questionable Beliefs[J].Accounting Horizons, 2013, 27（4）: 847-853.

[145]Barth M E, Beaver W H, Landsman W R. The relevance of the value relevance literature for financial accounting standard setting: another view[J].Journal of accounting and economics, 2001, 31（1）: 77-104.

[146]Barth M E, Israeli D. Disentangling mandatory IFRS reporting and changes in enforcement ☆ [J].Journal of Accounting and Economics, 2013, 56（2–3）: 178-188.

[147]Bauer A M, O'Brien P C, Saeed U. Reliability makes accounting relevant: a comment on the IASB Conceptual Framework project[J].Accounting in Europe, 2014, 11（2）: 211-217.

[148]Beatty A, Weber J. Accounting Discretion in Fair Value Estimates: An Examination of SFAS Goodwill Impairments[J].Journal of Accounting Research, 2006, 44（2）: 257-288.

[149]Becker C L, Defond M L, Jiambalvo J, et al. The Effect of Audit Quality on Earnings Management[J].Contemporary Accounting Research, 1998, 15（1）: 1–24.

[150]Bédard J, Gendron Y. Strengthening the financial reporting system: Can audit committees deliver？ [J].International journal of auditing, 2010, 14（2）: 174-210.

[151]Bens D A, Heltzer W, Segal B. The Information Content of Goodwill Impairments and the Adoption of SFAS 142[J]. Social Science Electronic Publishing, 2011, 26: 527-555.

[152]BerleA, Means G.The Modern Corporation and Private Property[M].New York: Macmillan, 1932.

[153]Boennen S, Glaum M. Goodwill Accounting: A Review of the Literature[J].Social Science Electronic Publishing, 2014.

[154]Borochin P, Yang J.The Effects of Institutional Investor Objectives on Firm Valuation and Governance ☆ [J].Journal of Financial Economics, 2017, 126（88）: págs. 171-199.

[155]Brown P, Preiato J, Tarca A. Measuring Country Differences in Enforcement of Accounting Standards: An Audit and Enforcement Proxy[J].Journal of Business Finance and Accounting, 2014, 41（1-2）: 1–52.

[156]Bryer R A.A POLITICAL ECONOMY OF SSAP22: ACCOUNTING FOR

GOODWILL[J].British Accounting Review，1995，27（4）：0-310.

[157]Bugeja M，Gallery N.Is older goodwill value relevant[J].Accounting and Finance，2006，46（4）：519-535.

[158]Bushman R M，Piotroski J D. Financial reporting incentives for conservative accounting：The influence of legal and political institutions ☆ [J].Journal of Accounting and Economics，2006，42（1-2）：107-148.

[159]Callao S，Jarne J I. Have IFRS Affected Earnings Management in the European Union？[J].Accounting in Europe，2010，7（2）：159-189.

[160]Canning J B. economics of accountancy[M].NewYork：The Ronald Press Co.，1929.

[161]Carlin T M，Finch N. Commentary：Some Further Evidence on Discount Rate Selection in the Context of Goodwill Impairment Testing[J].Australian Accounting Review，2010，20（4）：400-402.

[162]Carlin T，Finch N. Empirical Evidence on the Application of CGUs in the Context of Goodwill Impairment Testing[J].Social Science Electronic Publishing，2010，28（2）.

[163]Carter M E，Lynch L J，Zechman S L C. The relation between executive compensation and earnings management：Changes in the post-Sarbanes-Oxley era[Z]. Unpublished working paper，University of Pennsylvania，2006.

[164]Catlett G R，Olson N O. Accounting for goodwill[M].New York：American Institute of Certified Public Accountants，1968，pp. 17-18.

[165]Chambers D J. Has Goodwill Accounting Under SFAS 142 Improved Financial Reporting？[J].Social Science Electronic Publishing，2006.

[166]Chauvin K W，Hirschey M. Goodwill，profitability，and the market value of the firm[J].Journal of Accounting and Public Policy，1994，13（2）：159-180.

[167]Chen C，Kohlbeck M，Warfield T. Timeliness of impairment recognition：Evidence from the initial adoption of SFAS 142[J].Advances in Accounting，2008，24（1）：72-81.

[168]Chen L H，Krishnan J，Sami H. Goodwill Impairment Charges and Analyst Forecast Properties[J].Social Science Electronic Publishing，2015，29（1）：141-169.

[169]Christensen H B，Hail L，Leuz C. Mandatory IFRS reporting and changes in enforcement ☆ [J]. Journal of Accounting and Economics，2013，56（2-3）：147-177.

[170]Cleary S. The Relationship between Firm Investment and Financial Status[J]. Journal of Finance，1999，54（2）：673-692.

[171]Cohen J R，Krishnamoorthy G，Wright A. The Corporate Governance Mosaic and Financial Reporting Quality[J].Social Science Electronic Publishing，2004，23（1）.

[172]Corrado C J. Event studies：A methodology review[J].Accounting and Finance，2014，51（1）：207-234.

[173]D'Arcy A，Tarca A. Reviewing goodwill accounting research：What do we really

know about IFRS 3 and IAS 36 implementation effects[R].Working paper，2016.

[174]Dechow P M，Sloan R G，Sweeney A P. Detecting Earnings Management[J]. Accounting Review，1995，70（2）：193-225.

[175]Defond M L，Jiambalvo J. Factors Related to Auditor-Client Disagreements over Income-Increasing Accounting Methods*[J].Contemporary Accounting Research，1993，9（2）：415–431.

[176]Defond M，Zhang J. A review of archival auditing research　☆ [J].Social Science Electronic Publishing，2014 58（2–3）：275-326.

[177]Detzen D，Zülch H. Executive compensation and goodwill recognition under IFRS：Evidence from European mergers[J].Journal of International Accounting Auditing and Taxation，2012，21（2）：106-126.

[178]Ding Y，Richard J，Stolowy H. Towards an understanding of the phases of goodwill accounting in four Western capitalist countries：From stakeholder model to shareholder model[J].Accounting Organizations and Society，2008，33（7–8）：718-755.

[179]Dye R A. An evaluation of "essays on disclosure" and the disclosure literature in accounting ☆ [J].Journal of Accounting and Economics，2001，32（1–3）：181-235.

[180]Dye R A. Auditing Standards，Legal Liability，and Auditor Wealth[J].Journal of Political Economy，1993，101（5）：887-914.

[181]EFRAG.Questionnaire on goodwill impairment and amortisation[EB/OL].[2012-07].http：//www.fondazioneoic.eu/wp-content/uploads/downloads/2012/07/Questionnaire-on-goodwill-impairment_OIC_EFRAG.doc

[182]EFRAG.Should goodwill still not be amortised ？ [EB/OL].[2014-07].http：//www.fondazioneoic.eu/wp-content/uploads/downloads/2014/07/140722_Should_goodwill_still_not_be_amortised_Research_Group_paper.pdf

[183]EFRAG. ERPAG Discussion Paper June 2017，Impairment Test：Can it be improved ？ [EB/OL].[2017-06].http：//efrag.org/Assets/Download?assetUrl=/sites/webpublishing/Project%20Documents/261/Goodwill%20Impairment%20Test%20Can%20it%20be%20improved.pdf

[184]Egginton D A. Testing goodwill：a case study[J].Chartered Association of Certified Accountants，1991.

[185]Eloff A M，De Villiers C. The value-relevance of goodwill reported under IFRS 3 versus IAS 22[J].South African Journal of Accounting Research，2015，29（2）：162-176.

[186]Elliott J A，Hanna J D. Repeated Accounting Write-Offs and the Information Content of Earnings[J].Journal of Accounting Research，1996，34（Supplement）：135-155.

[187]Falk H，Gordon L A. Imperfect markets and the nature of goodwill[J].Journal of Business Finance and Accounting，1977，4（4）：443-462.

[188]Fama, Eugene F, Jensen, Michael C. Agency Problems and Residual Claims[J]. Social Science Electronic Publishing, 1983.

[189]Fazzari S M, Hubbard R G, Petersen B C, et al. Financing Constraints and Corporate Investment[J].Brookings Papers on Economic Activity, 1988（1）：141-206.

[190]Fields T D, Lys T Z, Vincent L. Empirical research on accounting choice ☆ [J]. Journal of Accounting and Economics, 2001, 31（1–3）：255-307.

[191]Francis J R, Wang D. The Joint Effect of Investor Protection and Big 4 Audits on Earnings Quality around the World[J].Contemporary Accounting Research, 2010, 25（1）：157-191.

[192]Francis J, Hanna J D, Vincent L. Causes and Effects of Discretionary Asset Write-Offs[J].Journal of Accounting Research, 1996, 34（Supplement）：117-134.

[193]FASB.Concepts Statement No. 8—Conceptual Framework for Financial Reporting—Chapter 1, The Objective of General Purpose Financial Reporting, and Chapter 3, Qualitative Characteristics of Useful Financial Information（a replacement of FASB Concepts Statements No. 1 and No. 2）[R], 2010.https：//www.fasb.org/jsp/FASB/Document_C/DocumentPage?cid=1176157498129&acceptedDisclaimer=true

[194]FASB. FAS 141（Revised 2007）（as amended）[S], 2007.https：//www.fasb.org/jsp/FASB/Document_C/DocumentPage?cid=1175802017611&acceptedDisclaimer=true

[195]FASB.Proposed ASU—Intangibles—Goodwill and Other（Topic 350）：How the Carrying Amount of a Reporting Unit Should Be Calculated When Performing Step 1 of the Goodwill Impairment Test（a consensus of the FASB Emerging Issues Task Force）[EB/OL].[2010-10-06].https：//www.fasb.org/jsp/FASB/Document_C/DocumentPage&cid=1176157591148

[196]FASB.Update No. 2010-28—Intangibles—Goodwill and Other（Topic 350）：When to Perform Step 2 of the Goodwill Impairment Test for Reporting Units with Zero or Negative Carrying Amounts（a consensus of the FASB Emerging Issues Task Force）[EB/OL].[2010-10-06]. https：//www.fasb.org/jsp/FASB/Document_C/DocumentPage&cid=1176158032833

[197]FASB,Update No. 2011-08—Intangibles—Goodwill and Other（Topic 350）：Testing Goodwill for Impairment[EB/OL].[2011-09].https：//www.fasb.org/jsp/FASB/Document_C/DocumentPage?cid=1176158924168&acceptedDisclaimer=true

[198]FASB.AccountingforGoodwill for Public Business Entities andNot-for-Profits[EB/OL].[2014-11-05].https：//www.fasb.org/jsp/FASB/Document_C/DocumentPage&cid=1176164541805

[199]FASB.FIF（December 2014）Accounting Standards Update for Private Companies AccountingforIdentifiable Intangible Assets in a BusinessCombination[EB/OL].[2014-12].https：//www.fasb.org/cs/ContentServer?c=Document_C&cid=1176164672067&d=&pagename=FASB

%2FDocument_C%2FDocumentPage

[200]García-Meca E，Sánchez-Ballesta J P. Corporate Governance and Earnings Management：A Meta - Analysis[J].Corporate Governance An International Review，2009，17（5）：594-610.

[201]Ghosh A. Does operating performance really improve following corporate acquisitions？[J].Journal of Corporate Finance，2004 7（2）：151-178.

[202]Giner B，Pardo F. How Ethical are Managers' Goodwill Impairment Decisions in Spanish-Listed Firms？[J].Journal of Business Ethics，2015，132（1）：21-40.

[203]Glaum M，Schmidt P，Street D L，et al. Compliance with IFRS 3- and IAS 36-required disclosures across 17 European countries：company- and country-level determinants[J].Accounting and Business Research，2013，43（3）：163-204.

[204]Glaum M，Landsman W R，Wyrwa S. Goodwill Impairment：The Effects of Public Enforcement and Monitoring by Institutional Investors[J].Social Science Electronic Publishing，2018.

[205]Godfrey J，Koh P S. The relevance to firm valuation of capitalising intangible assets in total and by category[J].Australian Accounting Review，2001，11（24）：39-48.

[206]GreenwaldB.Informational Imperfections in the Capital Market andMacro-EconomicFluctuations[J].Social Science Electronic Publishing，1984，74（2）：194-99.

[207]Gu F，Lev B. Overpriced Shares，Ill-Advised Acquisitions，and Goodwill Impairment[J].Accounting Review，2011，86（6）：1995-2022.

[208]Hadlock C J，Pierce J R. New Evidence on Measuring Financial Constraints：Moving Beyond the KZ Index[J].Review of Financial Studies，2010，23（5）：1909-1940.

[209]Hamberg M，Beisland L A. Changes in the value relevance of goodwill accounting following the adoption of IFRS 3[J].Journal of International Accounting Auditing and Taxation，2014，23（2）：59-73.

[210]Hanson R C，Song M H. Long-term performance of divesting firms and the effect of managerial ownership[J]. Journal of Economics and Finance，2003，27（3）：321-336.

[211]Harford J，Humphery-Jenner M，Powell R. The sources of value destruction in acquisitions by entrenched managers ☆ [J].Social Science Electronic Publishing，2012，106(2)：247-261.

[212]Hatfield H R. Modern accounting，its principles and some of its problems[M].D. Appleton，1909.

[213]Hayn C，Hughes P J. Leading Indicators of Goodwill Impairment[J]. Journal of Accounting Auditing& Finance，2006，21（3）：223-265.

[214]Healy P M，Wahlen J M. A Review of the Earnings Management Literature and its Implications for Standard Setting[J]. Social Science Electronic Publishing，1999，13（4）：

365-383.

[215]Hendriksen E S. Accounting theory[M]. NewYork：McGraw-Hill/Irwin，1967.

[216]Henning S L，Lewis B L，Shaw W H. Valuation of the components of purchased goodwill[J]. Journal of Accounting Research，2000，38（2）：375-386.

[217]HepburnB. A necessary evil？[J].Marketing Management，2002，11（6）：34-38.

[218]Hirschey M，Richardson V J. Information content of accounting goodwill numbers[J]. Journal of Accounting and Public Policy，2002，21（3）：173-191.

[219]Holthausen R W，Watts R L. The relevance of the value-relevance literature for financial accounting standard setting[C]// Conference of the Journal of Accounting and Economics，2001：3-75.

[220]Huikku J，Mouritsen J，Silvola H. Relative reliability and the recognisable firm：Calculating goodwill impairment value[J].Accounting Organizations and Society，2016，56.

[221]Husmann S，Schmidt M. The Discount Rate：A Note on IAS 36[J].Accounting in Europe，2008，5（1）：49-62.

[222]Holthausen，R. and R. Watts.The relevance of the value relevance literature for financial accounting standard setting：another view[J].Journal of Accounting& Economics，2001，31（1–3）：77-104.

[223]Iatridis G E，Senftlechner D. An Empirical Investigation of Goodwill in Austria：Evidence on Management Change and Cost of Capital[J].Australian Accounting Review，2014 24（2）：171-181.

[224]Ipino E，Parbonetti A. Mandatory IFRS adoption：the trade-off between accrual-based and real earnings management[J].Ssrn Electronic Journal，2017.

[225]IASB. IFRS 3— Business Combinations（Revised）[S]，2008.https：//www.iasplus.com/en/standards/ifrs/ifrs3

[226]IASB. IAS 27— Consolidated and Separate Financial Statements[S]，2008.https：//www.iasplus.com/en/standards/ias/ias27

[227]IASB. Agenda Paper 18A and 18B：Goodwill and Impairment project：Improving the impairment test[EB/OL].[2015-10].https：//www.iasplus.com/en/meeting-notes/iasb/2015/october/goodwill-and-impairment

[228]IASB. Agenda Paper 18B：Goodwill and Impairment：Subsequent accounting for goodwill[EB/OL].[2016-06].https：//www.iasplus.com/en/meeting-notes/iasb/2016/june/goodwill-and-impairment

[229]IASB.Post-implementation Review of IFRS 3 Business Combinations[R]，2015. https：//www.ifrs.org/-/media/project/pir-ifrs-3/published-documents/pir-ifrs-3-report-feedback-statement.pdf

[230]JAElliott，WHShaw.Write-OffsAsAccountingProcedures toManagePerceptions[J].

Journal of Accounting Research，1988，26：91-119

[231]Jennings R，LeClere M，Thompson R B. Goodwill amortization and the usefulness of earnings[J].Financial Analysts Journal，2001：20-28.

[232]Jennings R，Robinson J，Ii R B T，et al. THE RELATION BETWEEN ACCOUNTING GOODWILL NUMBERS AND EQUITY VALUES[J].Journal of Business Finance& Accounting，1996，23（4）：513-533.

[233]Jennings R，Robinson J，Thompson R B，et al. The relation between accounting goodwill numbers and equity values[J].Journal of Business Finance and Accounting，1996，23（4）513-533.

[234]Jensen M C，Meckling W H. Theory of the firm：Managerial behavior，agency costs and ownership structure[J]. Journal of financial economics，1976，3（4）：305-360.

[235]Jensen M C. The modern industrial revolution，exit，and the failure of internal control systems[J].the Journal of Finance，1993，48（3）：831-880.

[236]Jiang L，André，Paul，Richard C. Determinants of Internal Audit Function Quality：An International Study[J].Social Science Electronic Publishing，2014.

[237]Johansen T R，Plenborg T. Prioritising disclosures in the annual report[J]. Accounting and Business Research，2013，43（6）：605-635.

[238]Johansson S E，Hjelström T，Hellman N. Accounting for goodwill under IFRS：A critical analysis[J].Journal of International Accounting，Auditing and Taxation，2016，27：13-25.

[239]Johnson L T，Petrone K R. Is goodwill an asset？[J].Accounting Horizons，1998，12（3）：293.

[240]Jordan C E，Clark S J. Big bath earnings management：the case of goodwill impairment under SFAS No.142[J].Journal of Applied Business Research（JABR），2011，20（2）.

[241]Jung K，Kwon S Y. Ownership structure and earnings informativeness：Evidence from Korea[J].International Journal of Accounting，2002，37（3）：301-325.

[242]Kabir H，Rahman A. The role of corporate governance in accounting discretion under IFRS：Goodwill impairment in australia[J].Journal of Contemporary Accounting& Economics，2016：S1815566916300546.

[243]Kane G D，Velury U. The role of institutional ownership in the market for auditing services：an empirical investigation[J]. Journal of Business Research，2004，57（9）：976-983.

[244]Kaplan S，Zingales L.Do investment-cash flow sensitivities provide useful measures of financing constraints？[J].Quarterly Journal of Economics，1997，112（1）：169-215.

[245]Kealey B T. Goodwill accounting differences of the US and UK and their effect on share prices[D]. Norman，Oklahoma：University of Oklahoma，1996.

[246]Kim J B，Chung R，Firth M. Auditor Conservatism，Asymmetric Monitoring，and Earnings Management[J].Contemporary Accounting Research，2010，20（2）：323-359.

[247]Klein A. Audit committee，board of director characteristics，and earnings management[J].Journal of accounting and economics，2002，33（3）：375-400.

[248]Knauer T，Wöhrmann A. Market reaction to goodwill impairments[J].European Accounting Review，2016，25（3）：421-449.

[249]Koh P S. On the association between institutional ownership and aggressive corporate earnings management in Australia[J].British Accounting Review，2003，35（2）：105-128.

[250]KPMG（2014）New ISG Publication：Who Cares About Goodwill Impairment？-A Collection of Stakeholder Views.http：//www.kpmg-institutes.com/institutes/ifrs-institute/articles/2014/04/who-cares-about-goodwill-impairment.html

[251]Lapointe-Antunes P，Cormier D，Magnan M. Value relevance and timeliness of transitional goodwill-impairment losses：Evidence from Canada ☆ [J].International Journal of Accounting，2009，44（1）：56-78.

[252]Leake P D. Goodwill：Its Nature and how to Value it.[M].Gee and Company，1914.

[253]Leuz C. Different approaches to corporate reporting regulation：How jurisdictions differ and why[J]. Accounting and business research，2010，40（3）：229-256.

[254]Li Z，Shroff P K，Venkataraman R，et al. Causes and consequences of goodwill impairment losses[J].Review of Accounting Studies，2011，16（4）：745-778.

[255]Li K K，Sloan R G. Has goodwill accounting gone bad？[J].Review of Accounting Studies，2017，22（2）：964-1003.

[256]Liberatore G，Mazzi F. Goodwill Write-Off and Financial Market Behaviour：An Analysis of Possible Relationships[J].Advances in Accounting，2009，26（2）：333-339.

[257]LiberatoreG，Mazzi F. Examining the Link Between Goodwill Mandatory Disclosure Level Under IAS 36 and Cost of Debt：Evidence from S&P Europe 350[J].Ssrn Electronic Journal，2010.

[258]Ma R，Hopkins R. Goodwill— An Example of Puzzle - Solving in Accounting[J]. Abacus，2014，24（1）：75-85.

[259]Malmendier U，Tate G. Who makes acquisitions？CEO overconfidence and the market's reaction ☆ [J].Journal of Financial Economics，2008，89（1）：20-43.

[260]Marina Martynova，Sjoerd Oosting，Luc Renneboog. 4–The long-term operating performance in European mergers and acquisitions[J].International Mergers and Acquisitions Activity Since 1990，2007，2006-111：79-116.

[261]Mark G. McCarthy，Douglas K. Schneider. Market Perception of Goodwill：Some Empirical Evidence[J].Accounting& Business Research，1995，26（1）：69-81.

[262]Masters-Stout B，Costigan M L，Lovata L M. Goodwill impairments and chief

executive officer tenure[J].Critical Perspectives on Accounting, 2008, 19（8）: 1370-1383.

[263]Matemilola B TAhmad R. Debt financing and importance of fixed assets and goodwill assets as collateral: dynamic panel evidence[J].Journal of Business Economics& Management, 2015, 16（2）: 407-421.

[264]Mattias Hamberg, Mari Paananen, Jiri Novak. The Adoption of IFRS 3: The Effects of Managerial Discretion and Stock Market Reactions[J].European Accounting Review, 2011, 20（2）: 263-288.

[265]Mazzi F, Paul Andrè, Dionysiou D, et al. Goodwill related mandatory disclosure and the cost of equity capital[J].Ssrn Electronic Journal, 2014.

[266]Mazzi F, Liberatore G, Tsalavoutas I. Insights on CFOs' perceptions about impairment testing under IAS 36[J].Accounting in Europe, 2016, 13（3）: 353-379.

[267]Mazzi F, André P, Dionysiou D, et al. Compliance with goodwill-related mandatory disclosure requirements and the cost of equity capital[J].Social Science Electronic Publishing, 2017: 1-45.

[268]McWilliams A, Siegel D. Event studies in management research: Theoretical and empirical issues[J].Academy of management journal, 1997, 40（3）: 626-657.

[269]Mei J, Scheinkman J A, Xiong W. Speculative Trading and Stock Prices: An Analysis of Chinese A-B Share Premia[J].Social Science Electronic Publishing, 2004, 10（2）: 225-255.

[270]Mei J, Xiong W, Scheinkman J A. Speculative Trading and Stock Prices: Evidence from Chinese A-B Share Premia[J].Social Science Electronic Publishing, 2009, 10（2）: 225-255.

[271]Miller M C. Goodwill-an aggregation issue[J].The Accounting Review, 1973, 48(2): 280-291.

[272]Modigliani F, Miller M H. The Cost of Capital, Corporation Finance and the Theory of Investment[J].American Economic Review, 1958, 48（3）: 261-297.

[273]More F. Goodwill[J].The Accountant, 1891, 17（4）: 282-287.

[274]Morricone S, Oriani R, Sobrero M. The value relevance of intangible assets and the mandatory adoption of IFRS[J]. 2009.

[275]Myers S C. Determinants of corporate borrowing   ☆ [J].Journal of Financial Economics, 1977, 5（2）: 147-175.

[276]Myers S C, Majluf N S. Corporate Financing Decisions When Firms Have Information Investors Do Not Have[J].Social Science Electronic Publishing, 1984, 13（2）: 187-221.

[277]Nobes C. The continued survival of international differences under IFRS[J]. Accounting and Business Research, 2013, 43（2）: 83-111.

[278]Ohlson J A. Earnings, book values, and dividends in equity valuation[J]. Contemporary accounting research, 1995, 11（2）: 661-687.

[279]Olante, Elena M.Overpaid acquisitions and goodwill impairment losses—Evidence from the US[J].Advances in Accounting, 2013, 29（2）: 243-254.

[280]Oliveira L, Rodrigues L L, Craig R. Intangible assets and value relevance: Evidence from the Portuguese stock exchange[J].The British Accounting Review, 2010, 42（4）: 241-252.

[281]Paton W A, Littleton A C. An introduction to corporate accounting standards[M]. Sarasota: American Accounting Association, 1940.

[282]Paton W A. Accountants' Handbook2th[M].New York : The Ronald Press Company, 1933, P793-834

[283]Paton W A.Accounting theory, with special reference to the corporate enterprise[M]. New York: The Ronald Press Company, 1922.

[284]Paul André, Dionysiou D, Tsalavoutas I, et al. Mandated disclosures under IAS 36 Impairment of Assets and IAS 38 Intangible Assets: value relevance and impact on analysts' forecasts[J]. Applied Economics.

[285]Peltier-Rivest D. The Determinants of Accounting Choices in Troubled Companies[J]. Quarterly Journal of Business& Economics, 1999, 38（4）: 28-44.

[286]Philip Brown. International Financial Reporting Standards: what are the benefits？ [J]. Accounting and Business Research, 2011, 41（3）: 269-285.

[287]Porta R L, Lopez - De - Silanes F, Shleifer A. Corporate Ownership Around the World[J].Journal of Finance, 1999, 54（2）: 471-517.

[288]Ramanna K. The implications of unverifiable fair-value accounting: Evidence from the political economy of goodwill accounting ☆ [J].Journal of Accounting& Economics, 2008, 45（2）: 253-281.

[289]Ramanna K, Watts R L. Evidence on the use of unverifiable estimates in required goodwill impairment[J].Social Science Electronic Publishing, 2012, 17（4）: 749-780.

[290]Rees L, Gill S, Gore R. An Investigation of Asset Write-Downs and Concurrent Abnormal Accruals[J]. Journal of Accounting Research, 1996, 34（1）: 157-169.

[291]Šapkauskienė A, Šviesa Leitonienė. The Analysis of Factors Influencing the Write-off of Goodwill[J]. Procedia- Social and Behavioral Sciences, 2014, 156: 643-647.

[292]Shahwan Y. The Australian Market Perception Of Goodwill And Identifiable Intangibles[J]. Journal of Applied Business Research, 2004, 20（4）.

[293]Simon S I. Court Decisions concerning Goodwill[J].Accounting Review1956: 272-277.

[294]Spacek L. The treatment of goodwill in the corporate balance sheet[J]. Journal of

Accountancy（pre-1986），1964，117（000002）：35.

[295]Strong J S，Meyer J R. Asset Writedowns：Managerial Incentives and Security Returns[J]. Journal of Finance，1987 42（3）：643-661.

[296]Sulaiman L. Literature review on accounting for goodwill[J]. Accamadia Journal of School of Accounting MARA，Institute of Technology，1994，12.

[297]Ulf Brüggemann，JörgMarkus Hitz，Thorsten Sellhorn. Intended and Unintended Consequences of Mandatory IFRS Adoption：A Review of Extant Evidence and Suggestions for Future Research[J].Social Science Electronic Publishing，2013，22（1）：1-37.

[298]Verriest A，Gaeremynck A. What Determines Goodwill Impairment？[J]. Review of Business& Economics，2009，4（2）：06-128.

[299]Vincent L. Equity Valuation Implications of Purchase versus Pooling Accounting[J]. Social Science Electronic Publishing，1998（4）：5-19.

[300]Wahal S,Mcconnell J J. Do institutional investors exacerbate managerial myopia？[J]. Purdue University Economics Working Papers，998，6（00）：307-329.

[301]Whited T M，Wu G. Financial Constraints Risk[J].Review of Financial Studies，2006，19（2）：531-559.

[302]Zang Y. Discretionary behavior with respect to the adoption of SFAS no. 142 and the behavior of security prices[J].Review of Accounting& Finance，2008，43（1）：4242-4244.

[303]Zucca L J，Campbell D R. A Closer Look at Discretionary Write-Downs of Impaired Assets[J].Accounting Horizons，1992，6（3）.